식당
운영의
신

식당 운영의 神

식당 운영의

神

신

민강현 지음

잘되는 식당만 아는
주방의 비밀

포르체

꿈을 찾아 떠나는 당신에게

2001년 봄, 나는 처음으로 일식당을 열었다. 10여 년의 요리 경력은 있지만 장사 경험은 하나도 없는 내가 이도 저도 아닌 독특한 콘셉트의 식당을 인수했다. 당시에 주방 퇴식구에 있어야 할 식기세척기가 스시 바 쪽에 배치된 상태였는데, 그 상황을 보자니 정말 고통스러웠다. 오픈한 지 6개월 만에, 더는 견딜 수 없어 그 식기세척기를 치웠다. 대신 그 자리에 작업대를 설치했다. 마치 앓던 이를 뺀 기분이었다.

믿기 어려울지 모르겠지만, 식기세척기를 옮긴 것만으로도 매출이 증가하기 시작했고 그 후로도 영업이 순조롭게 진행되었다. 이는 공간적 여유가 생겨 작업의 효율이 높아지고, 눈엣가시였던 물건이 사라지니 스트레스 지수가 떨어져 작업에 더 집중할 수 있었기 때문일 것이다. 매출을 떨어뜨리는 요인은 다양하지만, 그것을 제거하고 나서야 비로소 알게되는 경우가 많다. 주방 설계가 바로 그런 요인 중 하나였다는 것을 그때 뼈저리게 느꼈다.

그 경험을 시작으로, 20점이 넘는 식당을 오픈하고 운영하면서 주방 집기의 배치를 수없이 변경해 보았다. 하루에 냉장고 자리를 세 번씩 바꿔 보기도 했다. 오로지 주방 설계만으로도 매출을 높일 수 있다는 믿음 하에 데이터를 수집하면서 집요하게 실험했다. 그 결과, 현재 나는 주방 설계 컨설턴트로 활발하게 활동 중이다. 그렇다면 주방 동선은 과연 영업에 얼마나 큰 영향을 줄까? 23년 동안 다양한 방법으로 실험하고 컨설팅하면서 내린 결론은 다음과 같다.

식당 사업은 다른 사업과 다르게 생산과 소비가 동시에 일어난다. 나는 다른 업종보다 이 업이 특히나 더 체계적이어야 한다는 것을 식기세척기를 옮길 때부터 알았다. 하지만 많은 업주는 식당을 만들거나 운영하는 과정에서 이 부분을 쉽게 간과한다. 식당에서 효율적인 시스템을 하나 만들기 위해서는 생각보다 많은 돈과 시간이 필요한데, 자금이 부족한 대부분의 식당 업주는 직원들의 노동력에 의존할 수밖에 없다. 그런데 생각해 보자. 30년 전과 현재 식당의 수익률을 비교하면 큰 차이가 있다. 과거에는 세금과 인건비가 낮아 매출 대비 수익률이 40%가 아니면 적어도 30%는 되었다. 하지만 현재는 20%에도 미치지 못한다. 이러한 변화의 원인은 높은 인건비와 과도한 경쟁 때문이다.

식당이 살아남으려면 비용을 최소화하고 매출을 높여야 한다. 비용을 줄이는 방법 중 하나로 식재료 최소화가 있다. 하지만 식재료는 제품의 품질에 바로 영향을 주기 때문에 이 비용을 대폭 줄이는 것은 불가능하다. 다른 방법으로 임대료를 줄이는 방법도 있는데, 이 부분은 임대인과 일찍이 협의가 끝난 부분이라 더는 조정이 어렵다. 마지막으로 가장 비용 부담이 큰 인건비가 남았다. 만약 인건비까지 줄이게 되면 서비스에 곧바로 영향을 줄 것이다. 여기서 우리는 생각해야 한다. 시스템의 효율성을 높이려면 인건비를 줄일 수밖에 없다는 사실을 말이다.

　서울에서 일식집을 닫고 얼마 지나지 않아 고양시에 8평짜리 초밥집을 열었다. 주방도 작고 여유 공간이 따로 없어 참치 냉동고를 가게에서 차로 약 10분 거리에 있는 집에 두었다. '차로 10분 거리니 필요하면 가지러 가면 되지' 싶은 마음이었다. 하지만 그것은 큰 착각이었다. 도저히 영업이 되지 않았다. 참치나 생선이 떨어지면 아버지에게 가져다 달라고 이야기했지만 필요할 때 바로바로 쓸 수 없는 것은 크나큰 불편이었다. 결국 관리실에 이야기한 뒤 지하에 작은 공간을 얻어 그 자리에 냉동고와 일회용품들을 보관하게 되었다. 8평 식당은 5년이 시나니 평수 대비 높은 추이의 매출을 가진 식당이 되었지만, 그 5년은 살기 위한 몸부림 그 자체였다.

　식당 영업 초기에는 매출의 90%가 가게 유지 비용에 들어가기 때문에 빠르게 손익 분기점을 넘지 못하면 오래 못 버틴다. 이 때문에 좁디좁은 식당에서 최단기간 내에 최극단의 효율성을 찾아야 한다. 아무리 콘셉트가 좋아도, 아무리 좋은 직원을 구해도, 아무리 좋은 입지라도 효율성을 가지고 최대한 빨리 손익 분기점을 넘지 못하면 잘되는 식당이라고 할 수 없다.

　나는 지금까지 수많은 식당을 컨설팅하면서 결국 잘되는 식당이란 효율적으로 설계된 주방에서 꾸준히, 제대로 된 음식을 균일하게 만들어 내는 것임을 알게 되었다.

　찌개 하나 잘 끓인다고 식당 한번 해 볼까 하는 시대는 갔다. 식당에서 직원들은 힘든 일을 기피하고, 수익은 갈수록 줄며 경쟁은 나날이 심해지는 추세다. 불, 냄비, 물만 있으면 식당 영업을 하던 시대에서 이제 정확한 시간 안에 조리할 수 있는 조리 머신과 테이블에서 주문하는 태블릿, 음식을 가져다주는 서빙 로봇의 시대로 접어들었다. 이런 시대 속 치열한 경쟁에서 살아남기 위해 더 간결한 프로세스로 빠르게 조리하는 방법을 계속해서 연구하고 실행해야 한다.

이 책에는 20점이 넘는 식당 운영과 수천 건의 컨설팅을 해 오면서 쌓은 나의 경험담이 날것처럼 생생하게 담겼다. 주방 이야기뿐 아니라 입지 선정의 중요성과 홀 운영 방식 등 다양한 이야기가 함께 녹아들었다. 더불어 잘된 이야기로 거창하게 포장하기보다 쓰디쓴 실패의 경험까지 고스란히 담았다. 그 일련의 시간이 향후 더 큰 성공의 디딤돌이 되어 주었음을 이제 분명히 안다. 식당을 시작하는 초보 사장들은 실패 확률을 줄이는 것이 중요하다. 그들에게 가장 필요한 내용이 되기를 바라는 마음으로 썼다. 대박의 꿈도 좋지만, 오래도록 잘되는 식당, 내가 행복하고 손님도 행복한 식당을 만들기를 응원한다.

목차

1장

한 끗으로
100억 차이를 만드는,
주방 설계

식당의 성패,
입지 선정에서부터 갈린다

새로 열 가게의 입지 선정을 위해 시간이 날 때마다 이곳저곳을 직접 돌아다닌다. 날씨가 좋을 때면 운동화 끈을 단단히 매고 부지런히 발품을 판다. 눈으로 직접 보고 고른 가게는 나를 배신하는 일이 조금 줄어든다.

그때 내가 본 가게는 대형 마트 바로 옆에 위치한 1층의 12평짜리 상가였다. 중심 상권에서 그리 벗어나지 않은, 말하자면 A급과 B급 상권의 경계쯤에 있는 상가였다. 상가 모양이 그리 좋지 않았지만 나는 오래전부터 그 상가를 눈여겨봤다. 가게 앞은 유동 인구가 꽤 있고 평수도 적절했다. 나는 그 자리에 냉면집을 열기로 마음먹었다. 식당 운영을 결정짓고 인테리어 공사가 거의 끝날 무렵, 밤 9시쯤 잠깐 가게에 들렀는데 규칙적으로 바닥이 울리는 느낌이 들었다.

'이게 뭐지?' 하고 가만히 들어 보니 '쿵쿵쿵쿵' 하고 일정하게 소리가 울렸다. 지하에 뭔가가 있는 듯했다. '아, 나이트클럽!' 알고 보니 같은 건물 지하에 대형 나이트클럽이 있었다. 상가 계약 전에 내부를 자세히 살펴봤지만, 낮에만 봐서 그랬는지 나이트클럽으로 생길 문제는 전혀 생각하지 못했다. 낮에는 문제가 없었지만 저녁만 되면 바닥이 리듬에 맞춰 울리는 것이 문제였다. 그렇다고 영업에 큰 지장을 주는 것은 아니었지만, 바닥이 울리는 소리는 꽤나 신경을 거슬리게 했다. 그 상황 속에서 거의 1년을 장사했지만 가게에 애착이 생기지 않았다. 결국 1년이 조금 지나서 냉면집을 팔아넘겼다.

이렇게 상가는 여러 가지 환경 때문에 난감한 상황에 빠지는 일이 많다. 내가 20년 전 처음 시작한 식당은 서울의 허름한 동네 모텔 1층 공간이었다. 모텔 1층에서 식당을 하면 투숙객에게 음식을 팔 수 있으니, 일반 상가보다 낫지 않을까 싶었다. 실제로 이 입지는 가게 운영에 장점으로 작용했을까, 약점으로 작용했을까?

결론부터 말하면 나는 그 식당을 1년 만에 말아먹었다. 물론 내가 장사에 서툴렀던 탓도 있지만, 영업을 잇지 못했던 결정적인 이유는 바로 입지 때문이다. 나는 그렇게 말아먹고도 한참 후에야 모텔 1층 식당에는 약점이 많다는 걸 깨달았다. 지금 생각해 보면 모텔 1층에 있는 식당에 손님이 드나들기는 좀 난감했을 것이다. 자세히 보지 않으면 모텔에 드나든다고 생각할 수 있기 때문이다. 나는 이것을 20년이나 지난 뒤 당시 그 식당을 이용했던 어느 여성 손님에게 듣고 알았다.

식당을 설계할 때 가장 먼저 고려해야 하는 것이 바로 입지다. 입지를 정확히 파악한 뒤에야 주 출입구와 보조 출입구를 정할 수 있다. 출입구에 따라 카운터의 위치가 정해지고 주방의 전체적인 틀이 정해진다. 이 때문에 입지는 설계에 가장 영향을 많이 준다고 볼 수 있다.

상가의 상권과 입지를 혼란스러워하는 사람이 많다. 상권과 입지를 저수지에 비유하면 쉽게 설명할 수 있다. 좋은 상권은 고기가 많은 '저수지', 좋은 입지는 저수지 중에서도 고기가 많이 잡히는 '자리'와 같다. 지금 내가 이야기하는 건 저수지에서 물고기가 많이 잡히는 자리, 즉 입지다. 저수지에서도 좋은 자리가 있고 나쁜 자리가 있다. 좋은 자리 중에는 깨끗한 물이 샘솟아 항상 물고기들이 몰리는 곳이 있다. 저수지 안에 풀이 많은 자리와 물고기가 좋아하는 먹이가 많은 자리가 있다. 하지만 그 자리 중에는 오랫동안 앉아서 낚시하기 어려운 경사가 심한 자리가 있고, 햇볕이 쨍해서 눈이 부신 자리도 있다.

이렇게 저수지 안에서도 각각의 특성을 지닌 자리들을 바로 입지라고 한다. 요즘은 소셜 네트워크 서비스(SNS) 발달로 상권이 그다지 좋지 않아도 주차하기 편하거나 찾아오기 쉬운 곳이라면 손님이 네비게이션을 찍고 찾아온다. 입지가 상권의 단점을 충분히 커버할 수 있는 시대가 온 것이다.

입지 선택 시 고려 사항

앞서 입지 선택이 식당을 시작할 때 얼마나 중요한지 이야기했다. 입지 선정 시 고려해야 할 사항이 많은데, 그중에서도 주방을 설계하기 전 일반적인 상가 모양에 따른 장단점을 알면 도움이 된다. "상가 모양이 그렇게 중요한가요? 그냥 좀 반듯하면 좋은 거 아닌가요?"라고 물어볼 수 있다. 결론부터 말하자면 "상가의 모양은 매우 중요하다"는 것이다. 더불어 건물 내 상가의 위치도 중요하다. 이러한 입지의 요건을 모르면 상가를 고를 때부터 여러 가지 고민에 빠져 선택이 어려워질 수 있다. 이는 결국 기준이 없는 선택을 해 매출에도 지대한 영향을 미치게 된다. 현명한 입지 선택을 위해 유형별 상가의 입지를 미리 파악하는 것이 좋다. 다음 내용을 살펴보자.

건물 내부에 있는 상가

한번은 소스를 만드는 영업장을 얻은 적이 있다. 단순히 소스 제작과 그 외 업무를 처리한다는 생각에 창이 없는 건물 중앙에 박힌 상가를 얻었다. 그곳에서 6개월을 지냈다. 하루에 고작 몇 분만 햇빛을 보며 생활해 보니 나 자신이 병든 닭처럼 변하는 것을 느꼈다. 결국 좀 더 비싸지만 햇빛이 드는 사무실로 옮기게 되었다. 창이 없고, 외벽과 단절된 채 건물 내부에 위치한 상가는 외부가 보이지 않고 자연광을 받지 못한다. 햇빛 없이 12시간을 일해 봤는가? 처음 상가를 얻을 때는 그게 무슨 상관인가 하겠지만 3개월 정도 햇빛 없는 곳에서 일해 보면 점점 정신적·육체적으로 피폐해진다는 것을 알게 된다. 게다가 그런 위치는 손님이 찾아오기 쉽지 않아 식당의 입지로도 최악이다.

건물 코너에 있는 정사각형 상가

요즘은 이런 형태의 상가는 드물다. 30년 넘은 오래된 건물에서나 볼 수 있다. 직사각형 상가 2개를 합치면 이런 모양이 나오기는 하지만, 대부분 상가 건물을 건축할 때 안으로 길게 들어간 직사각형 형태로 시공한다. 이러한 정사각형 모양은 접근성과 가시성이 가장 좋은 형태인데 권리금이나 임대료, 보증금 중 하나는 무조건 가격이 높다는 점이 단점이다.

건물 코너에 있는 직사각형 상가

내가 23년 동안 운영한 8평 초밥집이 이 입지에 해당한다. 상가가 건물 코너에 위치했음에도 가격이 꽤 높은 편이었다. 하지만 같은 평수의 주변 상가 임대료나 권리금을 이 상가와 비교했을 때 차이가 크지 않으면 이 상가를 선택하기를 권한다. 상가를 처분할 때 훨씬 유리하기 때문이다. 나는 20년 전쯤 이런 상가들을 골라 저렴하게 얻어 고가의 권리금을 받은 적이 몇 번 있다. 이러한 입지 중 외벽이 벽이 아닌 기둥과 유리로 이루어졌다면 같은 평수 대비 30% 이상 비싸도 그만한 가치가 있다. 가시성이 좋기 때문에 손님의 유입량이 다른 곳과 비교되게 많다는 점도 장점이다. 15년 전에 이런 상가를 후배에게 추천해 얻는 것을 도와줬는데 후배는 그 식당을 지금까지 운영 중이다.

안으로 꺾인 상가

밖에서 보면 입구가 좁아서 상가가 작아 보이지만 안으로 들어가 보면 널찍한 상가가 나타나는 곳이 있다. 이런 상가는 평수 대비 가격이 저렴한 편이다. 장점만 잘 파악한다면 같은 가격에 넓은 영업장을 얻을 수 있다. 가시성이 떨어져 초반에 유입량은 적지만 홍보를 적극적으로 한다면 폭발적인 매출을 낼 수 있는 입지이다.

건물 면 중앙에 있는 상가

건축 회사에서 상가를 분양할 때 더 많은 상가를 분양하기 위해 건물을 길고 좁은 형태로 쪼개서 만든다. 상가 개수를 늘려야 이익이 높아지기 때문이다. 그래서 대체로 상가들의 내부가 좁고 길다. 그래도 필요 이상으로 길고 깊게 들어간 상가는 좋지 않다. 상가의 전면 폭이 최소 3,700~4,000mm는 되어야 안정적으로 홀 통로와 주방을 만들 수 있다.

2층에 있는 상가

보통 상가 층고가 한 층씩 높을 때마다 가격이 반으로 줄거나 같은 가격이라도 면적이 2배 이상 늘어난다. 예를 들어 1층 10평이 200만 원이라면 2층은 200만 원에 20평 이상의 평수를 얻을 수 있다. 물론 입지와 상권에 따라 조금씩 차이는 있다. 주거 상권에서 2층 이상이나 지하에 있는 상가는 식사 시간이 짧거나 단가가 낮은 분식·면 요리 위주의 식당보다 손님이 오래 머무는 중·고가 메뉴 위주의 식당으로 적합하다.

지하에 있는 상가

많은 공유 주방과 배달 식당이 지하에 자리를 잡았는데, 나는 지하에서 식당 운영을 하는 것은 추천하고 싶지 않다. 앞서 이야기했듯 사람이 햇빛 없이 하루 12시간씩 일하기는 어렵다. 더불어 지하가 아무리 공조(공기 조화)를 잘한다 해도 기본적으로 환기가 잘되지 않아 공기가 나쁘다. 공기 순환이 잘 안 되면 음식도 쉽게 상할 수 있어 관리에 더 신경을 써야 한다. 지하에서 식당을 성공시키기란 여간 쉬운 일이 아니다. 성공한다고 해도 다른 식당보다 훨씬 더 많은 에너지를 쏟은 결과이다.

단독 상가

일반적으로 단층 형태의 단독 건물을 말한다. 영업장 앞에 주차장이 있고 상가를 단독으로 사용하는 형태를 말한다. 이런 상가는 따로 관리비가 없지만 식당을 운영해 본 경험이 많은 사람이 아니면 관리 사무소가 있는 집합 건물보다 관리하기 어렵다. 하지만 식당이 매출에 탄력을 받기 시작하면 회전력이 좋아져 주차가 용이하다는 환경적 장점에 힘입어 상당히 빠른 속도로 매출이 오를 수 있다. 코로나19 이후로 휴일이면 손님들이 외곽으로 많이 나가기 때문에 지금은 이런 형태의 식당들이 장사도 잘되고 권리금도 높다.

단층 집합 상가

휴게소 형태의 상가를 말한다. 1층에 상가들이 나열되었고, 그 앞에 있는 상가 전용 공용 주차장을 사용한다. 이런 형태도 대부분 도심을 벗어난 곳에 위치해 평일 점심과 휴일은 손님이 몰려도 저녁 매출이 좋지 않다는 단점이 있다.

입지 결정 시 미리 챙겨야 하는 사항

지인 중 한 명이 가게를 선택해야 하는데 고민이라고 하며 찾아왔다. 지역을 어디로 생각하냐고 물으니, 이런저런 사정으로 집과 가까운 곳에 얻어야 한다는 것이다. 집과 가까운 곳은 입지를 정하기 더 쉬울 거라고 생각하지만, 생각보다 그렇지 않다. 오히려 내가 잘 아는 상권을 선택할 수밖에 없는 상황이라면 입지 선택은 더욱 중요해진다. '아는 만큼' 좋은 입지를 선택할 수 있기 때문이다. 좋은 입지를 선택할 때는 메뉴의 콘셉트와 준비한 자금에 맞는 상가를 선택하는 게 중요하다. 우선, 다음과 같은 입지 환경을 파악해 보자.

전용 면적 외 여유 공간

술 상자, 일회용품, 부피가 큰 식재, 음료수, 분리수거 통 등 식당에 이것저것 보관하고 저장할 것이 생각보다 많다. 식당 경험이 부족한 업주는 주방에 들어가는 필수품만 생각하느라 여유 공간이 필요 없다고 생각하며 이런 부분을 쉽게 간과한다. 하지만 상가의 전용 면적 외에 창고 같은 공간이 추가로 있는 상가를 찾는 게 좋다.

처음 8평 식당을 시작했을 때 냉장고를 넣을 공간이 부족했지만 일회용 용기를 넣을 만한 공간도 없어 지하 공간을 이용해 관리실에 임대료를 지급하고 사용했다. 매출에 큰 영향이 없어 보여도 이런 공간을 찾아 적극 활용하는 것은 영업 활성화에 큰 차이를 준다. 만약 얻고 싶은 가게 건물에 창고가 없으면 상층이나 지하에 저렴하게 임대할 수 있는 오피스와 같은 공간을 알아보자. 물론 식당을 시작하기 전부터 임대료를 올리는 일이 될 수도 있지만, 미리 알아본 뒤 추후에 공간을 얻을 수 있는 여력이 되면 그때 얻어도 좋다. 물론 이 공간이 없다고 장사가 안 되는 것은 아니다. 다만 예로 들자면 트럭으로 흙을 실어 나를 때와 리어카로 흙을 실어 나를 때의 차이 정도로 설명할 수 있다.

백반집을 운영 중이던 한 식당 업주는 오픈 이후 시간이 가면 갈수록 일이 너무 힘들어서 어떻게 해야 할지 모르겠다며 나에게 도움을 요청했다. 매장에 가서 온종일 영업 상황을 자세히 살펴보니 조리 작업 과정도 좋지 않았지만 여유 공간이 턱없이 부족했다. 주방 안에 많은 기물과 식자재가 산재해 자연히 일의 속도가 더디고 힘든 것이었다. 다행히 건물 한쪽에 길게 빈 공간이 있어서 그 공간을 개조해 식재 창고 겸 기물을 보관하는 용도의 공간을 만들었다. 그러고 나니 거짓말처럼 한결 일이 가벼워졌고 영업이 수월해졌다. 이처럼 건물에 별도의 창고가 없다면 상가 외부 공간을 어느 정도 사용할 수 있는지 살펴보면 된다. 조리 과정이 느리거나 만들 때 힘든 이유는 식당이 정리되지 않았기 때문이므로 공간을 확보해 이 부분을 해소해 주는 것이 중요하다.

천장 높이

상가를 보다가 천장이 낮다고 느껴진다면 식당으로서 적절한 천장 높이가 아니다. 식당을 하기 위한 최소 천장 높이는 2,800~3,000mm 이다. 주방 바닥, 사람 키, 후드 높이, 후드 배관 높이까지 하면 최소 높이가 나와야 주방 시설이 정상적으로 설치된다. 많은 사람이 천장 높이가 낮지 않다고 생각해 얻었다가 이 문제 때문에 후드를 기형적으로 설치하게 되며 장사 내내 좋지 않은 가스와 더위로 건강을 잃게 된다. 이 작은 차이 하나로 결국 식당을 포기하는 경우도 많다.

선택한 영업장 천장이 4,000mm 이상이라면 다락 같은 공간을 만들어 쓸 수 있다. 일산의 한 초밥집을 컨설팅한 적이 있는데, 이 초밥집의 천장이 상당히 높아 다락을 만들어 줬다. 처음에 업주는 비용 부담 때문에 만들기를 망설였지만 나의 적극적인 추천으로 만들게 되었다. 그렇게 다락을 만들고 6개월이 지난 뒤 직원들이 돌아가며 쉬기도 하고 사무실로도 사용할 수 있어서 영업에 큰 도움이 된다고 전했다. 천장이 높으면 인테리어 면에서 다양한 콘셉트 적용이 가능하다. 필요하면 복층으로 활용할 수도 있다. 천장이 높은 상가는 그 자체로 시원하고 멋있어 보여 그대로 두고 사용하기도 하지만, 난방비와 냉방비가 2배 이상 높아진다는 점을 확인해야 한다. 비용이 좀 더 들더라도 높은 천장을 활용해 사무실이나 창고 공간으로 사용하는 것을 추천한다.

주차장

쭈꾸미와 피자를 조합한 콘셉트의 식당을 2년 전에 폐업했다. 주차장이 없어서 왔다가 발길을 돌리는 손님이 많았던 게 폐업의 큰 이유로 작용했다. 내가 운영한 지 20년이 넘은 일식집도 주차장 부재가 항상 발길을 돌리게 하는 원인이었다. 그 현상은 갈수록 더 심해졌고, 매출을 올리고 싶어 여러 가지 마케팅을 해 봤지만 한계가 있었다. 실제로 어느 식당 업주는 자체 주차장이 없어 근처 공용 주차장을 이용하도록 하고 주차비를 지원하기도 했다. 다만 그렇게 순조롭게 운영을 하던 어느 날 공용 주차장이 폐쇄되자 매출의 30%가 빠졌다고 한다. 이처럼 주차는 매출을 결정짓는 중요한 요소 중 하나다.

특히 상가를 선택할 때 주차장의 유무와 활성도는 매우 중요하다. 주차장이 있지만 입차와 출차에 번거로움이 있는 타워 형태는 아닌지, 주차 공간이 좁아 차를 몇 대밖에 못 대는 건 아닌지 등을 잘 살펴봐야 한다. 주차장이 없는 상가라면 주변에 공용 주차장이나 여분의 주차 공간이 있는지 반드시 확인해야 한다. 현재 내가 운영 중

인 일식집도 건물 내 주차가 협소하여 대형 마트 주차 대행 회사와
계약해 사용 중이다. 대형 마트의 경우 주차 계약을 맺으면 주차장을
저렴하게 쓸 수 있으니 참고하자.

정차

테이크 아웃 매출이 증가하는 요즘, 주차가 어렵다면 정차는 가능한
지를 우선 살펴본다. 드라이브 스루는 이 정차 방식을 매장 내부로
적용한 사례라 할 수 있다. 일전에 방문한 울산의 한 짬뽕집은 주차
장이 있지만, 식당 바로 옆 도로가 고속도로여서 차를 잠시 세워 두
기가 부담스러웠다. 이런 곳은 포장 매출이 거의 없다. 포장 매출은

포장 손님이 불편하지 않아야 꾸준히 올릴 수 있다.

반지하, 반이층

마포의 한 족발집 상가는 건축 표기 문서상 지하에 위치했고, 외관상으로는 1층에 위치한 곳이었다. 이 상가는 건축 표기상 지하이기 때문에 소방법 규제를 받는 곳이었다. 하지만 업주는 처음에 그 부분을 간과하고 식당을 만들었다. 이후 소방완비증명서(해당 건물이나 시설이 소방법에서 정한 안전 기준을 충족하는지 확인하는 문서)를 받지 못해 결국 일부분의 인테리어 일부를 다시 해야 했다.

이처럼 겉으로 보기에 1층처럼 보이지만 문서상으로 지하인 상가가 있다. 이런 상가는 보통 경사진 곳에 위치한다. 대체로 임대료가 저렴한 반면 구조적으로는 불편하다. 내가 학동에 오픈했던 부대찌개집은 정면에서 볼 땐 2층인데, 옆쪽 언덕에서 내려오는 길에서 보면 1층에 있었다. 물론 월세는 2층 기준의 월세였다. 좋은 입지의 상가이다. 상가는 발품을 얼마나 파느냐에 따라 적은 비용으로 더 좋은 곳을 얻을 수 있다.

건물 연식

고깃집을 운영하려고 건물을 계약한 어느 사장님의 경우 계약한 상가가 30년이 넘은 오래된 건물이었다. 인테리어 미팅차 영업장을 점검하던 중 황당한 일이 생겼다. 건물에 제대로 된 하수구가 없는 것이었다. 그 자리에서 기존에 운영하던 미용실은 하수를 정화조에 물려서 사용했다는 것을 알게 됐다. 결국 하수구 문제 때문에 임대인과 법정 소송 직전까지 가야 했다. 노후한 건물은 겉으로 크게 보이지 않을 뿐 생각보다 많은 문제가 있다. 아무리 건물 관리를 잘해도 지저분해 보이거나 열악해 보이면 손님은 방문하기를 꺼린다. 따라서 건물 연식도 계약 전에 꼼꼼히 확인해야 한다.

가시성

상가가 외부에서 얼마나 잘 보이느냐이다. 같은 2층이라도 메인 통로 전면에 있는 상가와 건물 뒤편에 있는 상가의 임대료와 권리금은 몇 배 이상 차이가 생길 수 있다. 식당의 입장에서는 접근성보다 가시성이 더 중요하다. 보이면 어떻게든 들어오기 때문이다.

접근성

접근성은 당연히 1층이 가장 좋고 층수가 올라가거나 내려갈수록 접근성이 떨어지기 마련이다. 하지만 요즘처럼 SNS로 맛집을 찾아다니는 사람이 많아지는 가운데 접근성보다 가시성이 더 중요한 시대가 되었다.

계단 위치

13년 전 운영하던 일식집 위층에 상가가 나왔다. 나는 저렴하게 그 상가를 얻었고, 기존에 없었던 외부 계단을 만들어 1층과 2층을 연결했다. 하지만 외부 계단은 건축 허가를 받지 않은 불법 건축물이었고, 매년 주변 상인들의 신고로 강제 이행금을 내야 했다. 7년 정도 사용하다가 리모델링 때 외부 계단을 없앴다. 2층 리모델링 이후 약 6개월간은 오픈의 영향이었는지 매출이 높았다. 7년간 영업했고 오래된 식당이어서 계단이 없어진 문제는 큰 문제가 되지 않아 보였다.

하지만 시간이 갈수록 매출이 줄어들었다. 손님들을 건물 중앙에 있는 계단으로 안내해도 잘 올라가려고 하지 않았다. 외부 계단이 없어진 원인이 컸다.

2층 이상의 상가를 얻으려고 한다면 고려해야 할 중요한 입지 요건 중 하나가 계단과 엘리베이터다. 예전 건물들은 밖에서 보이는 곳에 계단을 만들었지만, 지금은 상가를 더 많이 만들기 위해 엘리베이터와 비상계단을 건물 중앙에 둔다. 건물에서 상층으로 올라가는 계단이 직관적으로 보이는 위치에 있는 것과 그렇지 않은 것은 차이가 크다. 지하나 2층에 있는 상가지만 계단이 외부에서 직관적으로 보이면 접근성이 좋아진다. 그렇다면 여기서 질문 하나를 건네려고 한다. 당신이 가게를 얻으려고 하는데, 2개의 선택지가 있다고 하자. 하나는 계단 앞에 식당이 있고 임대료가 저렴하다. 또 하나는 계단이나 엘리베이터에서는 멀지만, 외부에서 잘 보이는 곳에 있고 가격은 저렴하지 않다. 둘 중 하나를 선택하라면 당신은 어떤 상가를 얻겠는가? 이럴 때는 '외부에서 잘 보이는 상가'를 선택하는 것이 유리하다. 2층 이상 규모의 상가는 접근성보다 가시성이 중요하기 때문이다. 외부 계단이 있는 상가는 2층에 있어도 접근성이 좋아 1층만큼 손님이 유입될 수 있다.

전기 용량

분당에 있는 한 한정식집을 컨설팅한 적이 있다. 단독 건물을 계약한 업주는 인테리어를 하려고 전기를 살펴보던 중 큰 난관에 부딪혔다. 전기가 턱없이 부족한 상태였던 것이다. 단독 상가는 건물에 전기를 들여놓지 않기 때문에 외부에서 전기를 들여와야 한다. 한국전력공사

(한전)에 연락해서 전기를 끌어오는 금액과 시공 날짜를 알아봤다. 우선 전기를 끌어오려면 약 700만 원 정도 비용이 들고, 지금은 한파라서 환경적 여건이 안 돼 한 달은 기다려야 한다고 했다. 결국 상가를 11월에 계약하고 2월에 시공할 수 있었다.

상가에는 기본적으로 할당된 전기 용량이 있다. 수많은 상가를 봤지만 충분한 전기가 들어와 여유롭게 사용하는 상가는 많지 않았다. 전기 용량이 중요해진 이유 중 하나는 주방 근무자들의 근무 환경과 연관이 있다. 주방 근무자들이 호흡기에 해로운 가스 조리 방식을 피해 전기 조리 기구를 선호하는 추세고, 더운 주방에서 일하기를 기피해 주방에도 에어컨을 놓아 줘야 하기 때문이다. 그만큼 전기 용량이 더 필요한 셈이다. 인덕션의 경우 전기 용량이 기본 7kW 이상이다. 따라서 상가에 전기가 얼마나 있는지 계약 전에 반드시 확인해야 한다. 꼭 필요한 용량이 있는데 전기를 더 증설할 수 없는 곳이라면 계약을 보류한다. 상가에 전기가 부족하다면 건물에서 용량을 더 끌어올 수 있다는 조항을 계약서 특약으로 넣는 것도 방법이다.

환기 시설

김포의 대형 고깃집 업주는 주택가가 밀집한 곳에 건물과 주차장을 인수했다. 그리고 갈빗집을 하기 위해 두 달 동안 인테리어를 시공했다. 하지만 오픈하고 한 달간 영업이 정지되었다. 근처 주택 거주자들의 냄새 관련 민원이 심해 영업을 못 한 것이다. 결국 수천만 원에 달하는 집진기를 설치하고 근처 거주자들을 일일이 찾아가 설득한 끝에 영업을 시작할 수 있었다.

경험이 적은 업주가 식당을 얻을 때 환기 시설은 고려 대상이 아

일본의 생선 요릿집 주방, 공간에 여백이 하나도 없다.
이런 경우 조리 속도가 더뎌지고 효율이 나지 않아 매출에 직접적인 영향을 미치게 된다.

니다. 당연히 그냥 밖으로 공기를 빼면 되겠다고 생각하지만 내부 공기를 외부로 빼내고 외부 공기를 내부로 들이는 일이 그렇게 만만치 않다. 게다가 요즘처럼 건물이 좁고 높은 상가가 많은 구조에서는 더더욱 그렇다. 이 때문에 상가를 계약하기 전 환기 가능 여부와 시공비 견적 등을 꼭 확인해야 한다.

상가 앞뒤 외부 공간

상가 내에 여유 공간도 중요하지만, 상가의 계약 면적 외에 앞 공간과 뒤 공간도 중요하다. 그 공간의 활용도는 식당의 영업에 큰 영향을 주는데, 면적이 넓으면 넓을수록 좋다. 이 면적은 어떻게 활용하느냐가 관건인데, 이런 점들을 사전에 확인해야 한다. '손님의 대기 공간이나 식사 공간으로 활용이 가능한가?' '식사 공간으로 활용했을 경우 불법에 해당하지는 않는가?' '주변 식당들은 비슷한 공간을 어떻게 활용하는가?'

상가 복도 사용 여부

집합 건물 상가를 보면 1층 복도에 45박스(업소용 냉장·냉동고)나 선반들이 죽 늘어선 모양을 자주 볼 수 있다. 사실 이렇게 하면 소방법에 위배되어 처벌을 받지만 큰 규제를 하지 않는 실정이다.

그만큼 식당은 공산이 설실하다. 공간이 곧 돈이다. 공간은 생산시간을 단축시켜 주기 때문이다. 단축된 시간은 매출을 올리는 데 직접적인 영향을 미친다. 어차피 임대차 계약서상에는 전용 면적 부분만 임대료를 지불하기 때문에 여분의 공간은 보너스 같은 것이다. 상가 내부의 복도 쪽 공간이 여유롭다면 이 공간을 활용하는 것이 좋다. 이런 공간을 얻게 될 경우 상가를 더욱 저렴하게 얻는 셈이다. 이런 공간을 얻게 되었을 경우 처음 설계부터 이 공간을 염두에 두고 주방을 설계함으로써 식당을 더욱 쾌적하게 만들 수 있다.

상가의 입지란, 상가 위치 자체도 중요하지만 어떻게 위치했는지, 즉 상가 환경의 중요성까지 포함한다. 나이트클럽 위층에 있던 냉면집처럼 장사를 시작하고 1년도 못 가 문 닫는 식당이 의외로 많은데, 그것은 입지 환경 때문인 경우가 많다. '장사를 시작한 지 얼마 안 돼서 하수구가 자주 막힌다' '방수 문제로 영업에 지속적인 지장을 초래한다' '옆집 고기 굽는 연기가 계속 넘어오는데 그것을 통제할 수 없다'

'가로수 때문에 식당이 잘 안 보인다' '천장이 낮아 제대로 된 후드 설치를 못한다' 등의 모든 문제가 바로 입지로부터 비롯된다. 보기에 별것 아닌데 가랑비에 옷 젖듯 작은 단점들이 식당의 영업을 방해하거나 망하게 하는 결정적인 이유가 되는 것이다.

따라서 장사를 시작하기 전부터 고기를 가장 잘 잡을 수 있는 좋은 입지를 선택해야 한다. 좋은 입지를 선택하면 영업이 탄력을 받았을 때 매출 성장이 빨라진다. 또 추후에 혹시라도 매장을 이전하거나 빼야 하는 경우에도 이 입지는 권리금에 큰 영향을 준다. 내 눈에 좋아 보이는 자리는 남들 눈에도 좋아 보인다. 다른 사람들 눈에 뻔히 보이는 것을 찾을 것이 아니라 안 보이는 장점을 찾아내야 한다. 자금에 맞추되 발품을 팔면서 나에게 가장 최적화된 입지를 찾아야 한다. 남이 보지 못하는 좋은 입지를 고르는 것은 경험이 필요한 일이지만, 위에 언급한 사항들만 참고해도 좋은 입지의 상가를 선택하는데 큰 도움이 된다.

식당 설계의 0번은 주방 설계다

　처음 식당을 시작할 때 '주방의 동선'이라는 개념은 애당초 내 머릿속에 없었다. 나의 하찮은 요리 실력만 믿고 '맛있게 만들면 손님은 온다!'라는 생각 하나였다. 그 하나가 식당을 하는 데 있어 얼마나 나를 힘들게 만들지 그때는 알지 못했다. 주방은 기존에 사용하던 퓨전 식당의 콘셉트에 맞춰져 있었는데, 내가 하려는 일식집 동선과 전혀 맞지 않았다. 활어를 주방으로 가져와 생선 손질을 하는 과정부터 음식을 제공하는 순간까지의 모든 동선은 지금 생각해 보면 어처구니가 없을 정도로 비효율적이었다. 손님이 없어도 힘들고, 손님이 많으면 더 힘들었다. 손님이 많아도 힘드니 돈을 버는 것도 고통이었다. 이것은 비단 나의 이야기만이 아닌, 첫 식당 창업을 하는 업주들의 현실이기도 하다.

　그 이후 몇 번의 식당을 운영하면서 식당을 어떻게 설계해야 하는지 하나하나 몸으로 부딪쳐 알아 가야 했는데, 그 과정은 정말 고통 그 자체였다. 이런 수많은 경험을 기반으로 지금은 체계화된 시스템 설계 없이 가볍게 메뉴를 만드는 것조차 하지 않는다.

처음 식당을 창업한다면 식당 내부 동선과 전체적인 공간의 세밀한 설계를 구상하는 것이 어려울 수 있다. 다만 설계 기준을 만들고, 그 기준에 벗어나지 않기만 해도 일을 못할 정도의 엉터리 동선에서 벗어날 수 있다. 영업장이 결정되면 홀 면적보다 주방 크기를 우선 정한다. 홀의 면적을 먼저 결정해야 하는 특수한 경우를 제외하고 웬만하면 주방 공간이 확립된 상태에서 식당 설계를 시작해야 한다. 그리고 가장 최우선적인 부분을 설계하고, 부수적으로 필요한 공간의 면적을 줄이고 늘리면서 설계하면 된다.

매출을 극대화하는 주방 설계의 원칙

주방 설계는 주방의 효율성을 증대시키기 위해 손님에게 제공되는 모든 메뉴의 처리와 조리 과정을 계획하고 설계하는 것을 말한다. 주방 설계로 인건비 절감, 업무 효율성 향상, 안전성 확보, 위생적인 조리, 근무 만족도 향상, 생산 속도 향상 등을 기대할 수 있다.

식당 주방은 동시에 여러 인원이 작업하는 만큼 잘 정리된 상태에서 정해진 기준에 따라 균일한 상품을 생산할 수 있는 효율적인 구조로 설계되어야 한다. 가장 기본이 되는 주방 설계 원칙을 한번 살펴보도록 하자.

절대 실패하지 않는 주방 설계의 기본

오랜 시간 컨설팅을 하면서 가장 크게 깨달은 점은 기본을 지키지 않으면 반드시 실패한다는 것이다. 뒤집어 말하면 기본만 잘 지켜도 실패할 확률이 줄어든다는 뜻이다. 지금 이야기하는 주방 설계의 기본 원칙은 "너무 다 아는 상식 아니예요?"라고 말할 수 있지만, 실제로 잘 지켜지지 않아 막대한 손해를 끼치는 요인들이다. 자신의 식당 운영에 문제가 있다면 이 요인들을 바로 반영할 수 있도록 명심해 두자.

안전

주방 설계 시 가장 먼저 고려되어야 하는 부분이 바로 '안전'이다. 주방은 불과 칼을 다루는 곳인 만큼 안전이 가장 우선시되어야 한다. 튀김기 옆에 싱크대를 설치하거나, 칼 걸이를 어깨높이 이상에 달아놓거나, 화재의 위험이 있는 전기 연결을 그대로 방치한다면 안전이 보장되지 않는다. 환경 자체가 안전하지 않은데 작업자들에게 교육으로 개선과 유지를 요구하는 것은 말이 안 된다. 처음 설계할 때부터 안전한 구조 설계가 필요한 이유다.

청결

안전 다음으로 중요한 것은 청결이다. 아무리 열심히 청소해도 구조가 좋지 못하면 청결함을 유지하기 힘들다. 청결은 식당이 잘되기 위한 충분조건은 아니지만 반드시 기본이 되어야 하는 필요조건이다. 청결도 안전처럼 교육을 통해 지켜지도록 하는 것은 소용없다. 근본적으로 청결하게 유지될 수밖에 없는 주방 설계가 필요하다. 주방 집기를 배치할 때 위생에 문제가 될 소지가 있는 집기가 있다면 반드시 보완한 뒤 설치해야 한다. 예를 들어 작업대는 벽에 딱 붙여 설치해야 한다. 그렇지 않으면 작업대 뒤로 음식물이나 조리 도구가 넘어가기 때문이다. 그렇게 이물질이 쌓이면 냄새가 나고 각종 해충과 곰팡이가 서식하게 된다. 따라서 설계할 때부터 작업대 상판에 뒤판을 달아 음식물이나 조리 도구가 넘어가지 않도록 벽에 완전히 밀착시켜야 한다.

동작

편하고 빠르게 생산할 수 있는 효율적인 시스템 구축은 식당의 성패를 크게 좌우할 만큼 중요해졌다. 매장이 비교적 한산할 때는 그 중요성을 모르지만, 혼잡한 영업 상황에서는 한 동작에 필요한 시간이 열 동작에 필요한 시간만큼 걸린다는 것을 알고 그 중요성을 깨닫는다. 동작을 최소화하는 생산 과정은 작업자의 피로를 감소시키고 생산 시간을 단축한다. 이것은 매출과 직결되며 업주에게는 곧 수익으로 연결된다.

효율

예전과 달리 효율적이지 못한 식당은 수익을 낼 수 없다. 적은 매출이라도 효율적인 생산 구조로 높은 수익을 가져가야 한다. 효율적인 매장은 매출을 올리기 위해 굳이 비싼 마케팅과 인력을 투입할 필요가 없다. 높은 매출에 적은 수익을 가져가는 것보다 적정한 매출에서 수익을 극대화시키는 게 훨씬 유리하다.

단순

음식을 완성하기까지 발생하는 전 조리 과정은 대부분 단순하지 않다. 이런 복잡한 과정에 누구나 투입되어도 똑같은 상품을 생산할 수 있도록 모든 과정을 단순화시켜야 한다. 작업자의 동작과 움직이는 영역을 최소화하는 것이 필요하다. 장비도 간단한 기능으로 작동하는 것을 사용해야 한다. 작업 과정이 단순한 주방일수록 추후 메뉴 변경이나 라인 변경을 해도 무리 없이 생산할 수 있다.

공간

주방 공간은 이동 통로와 작업 공간, 저장 공간으로 나뉜다. 이 공간은 다소 겹치기도 하고 분리되기도 한다. 주방 설계의 1차 목적이 이 공간들을 늘리기 위함이다. 한정된 작은 공간을 넓은 공간에서 사용하는 것처럼 만들어야 한다. 5평 주방이라면 하부, 중부, 상부 영역을 최대한 활용하여 마치 15평에서 근무하듯이 만든다.

시간

주방은 음식을 만든 이후 손님에게 제공하는 시간 간격을 최소화해야 한다. 다시 말해 빠른 조리와 빠른 제공, 이 두 가지는 주방 설계의 중심에 있어야 한다. 공간의 효율성을 높이는 궁극적인 목적도 조리 시간 단축에 있다. 조리 시간이 단축되면 공간의 효율성이 자연히 높아진다. 주방 설계는 이렇게 공간과 시간의 상호 보완 작용으로 이루어진다.

효율적인 주방 설계는 왜 중요한 걸까?

이미 앞에서 여러 차례 강조했지만, 효율적인 주방 설계는 매출 증대에 직접적인 영향을 미친다. 다음은 그 이점들을 정리한 것이다.

매출 증대

효율적인 주방은 효율성이 떨어지는 다른 식당보다 생산 속도가 더 빠르다. 효율적인 주방으로 만들면 그만큼 전보다 시간당 매출이 더 증가한다.

수익 구조 개선

효율적인 주방은 결국 인건비, 식자재, 관리비 등 비용이 줄어 수익률이 높아진다.

노동 강도 감소

같은 조리를 하더라도 효율적인 주방은 근무자의 행동 반경을 수월하게 만든다. 이는 불필요한 동작 횟수를 감소시켜 근무자의 노동 강도를 낮추는 효과를 불러온다.

조리 시간 단축

조리 과정과 조리 동선을 단축해 조리 시간을 대폭 줄여 준다.

좋은 상품력

빠른 조리로 상품 제공 시간을 줄이면 손님에게 온도감 있는 메뉴를 줄 수 있다. 온도감은 곧 상품력으로 직결된다. 퀄리티 높은 상품력은 손님의 만족도를 높인다. 효율적인 공간에서 생산된 상품은 변함 없는 상품력을 갖는다.

효율적인 공간 활용

주방은 높이를 기준으로 하부, 중부, 상부 세 부분으로 나뉜다. 이 영역을 작업 형태에 따라 효율적으로 활용한다면 같은 면적이라도 더 넓게 쓸 수 있다.

주방 설계 시 반드시 알아야 할 것

영업장에서 주방 크기와 위치가 정해지면 주방 설계를 시작한다. 주방 설계도가 완성되어야 인테리어 공사를 시작하기 때문에 영업장을 얻으면 인테리어 공사 전까지 최대한 서둘러 주방 도면을 설계해야 한다.

공간 구분

아무리 작은 주방이라도 우선 주방 공간을 역할별로 나누어 본다. 이 공간이 어느 정도 나누어지면 세부적인 부분은 크기와 위치를 수정하며 맞추면 된다. 물론 작은 식당들은 중복해 사용하기도 한다. 주방이 좁을수록 섬세한 설계가 필요하다. 그렇지 않으면 피로도는 높고 작업 속도가 느린 주방이 만들어진다. 아래는 주방에 필요한 각 공간들을 분류하여 설명한 내용이다.

① 조리 공간

주문이 들어오면 음식을 조리하는 공간이다. 이 공간에서 가장 신경 써야 할 것은 빠른 조리로 메뉴의 온도감을 유지하는 것이다. 뜨거운 음식은 뜨겁게, 차가운 음식은 차갑게 주는 것이 핵심이다. 예를 들어 생각해 보자. 방금 나온 우동이나 볶음밥을 한 수저 입에 넣었는데 온도가 미지근하게 느껴진다면 먹고 싶겠는가? 온도감 있게 음식을 제공한다는 것은 음식의 조리 속도와 전달 속도가 빨라야 한다는 것을 의미한다.

② 밑 작업 공간
조리 전 식자재 밑 작업을 하는 공간이다. 주방이 좁다면 이 공간은 조리 공간과 혼용되거나 축소될 수 있다.

③ 세척 공간
세척 공간은 밑 작업 과정에도 필요하고, 조리 후 생기는 도구를 세척하기 위해서도 필요하다. 보통 이 공간을 2개로 나누는데, 주방컨디션에 따라 다른 공간과 겹치거나 축소할 수 있다.

④ 배식구
조리된 메뉴가 손님에게 전달되기 전 음식이 놓이는 공간이다. 큰 공간이 아니어도 되지만 없으면 불편을 초래하는 공간이다. 배식구와 퇴식구는 한 공간을 사용할 수도 있지만 되도록 구분하는 것이 좋다.

⑤ 퇴식구
식사가 끝나고 세척 전에 식기를 놓는 공간이다. 이 공간에서는 식사 후 퇴실하는 손님이 동시에 많이 있을 때 밀려드는 퇴식 식기를 빠르게 처리해야 한다. 이 때문에 넓은 공간이 필요하다. 좁은 식당에서는 옆으로 공간을 넓힐 수 없기 때문에 상하로 공간을 늘려 줘야 한다. 퇴식 식기는 배식 처리 후 세척해도 되기 때문에 이 퇴식 식기를 적치할 수 있는 공간을 만들어 주면 효율적이다. 틈틈이 시간 날 때 한 번에 치울 수 있는 다단식 선반 같은 것이 유용하다.

⑥ 세팅 공간

주방과 홀의 경계에 있는 공간으로 퇴식과 배식, 찬 세팅과 같은 일을 처리한다. 처음 식당을 하는 업주들은 이 공간을 만들 생각도 못하거나 설명해도 이해를 잘 못한다. 생각보다 꽤 큰 공간이 요구되지만 식당에서 반드시 필요한 공간이다. 손님에게 제공되어야 하는 물, 물수건, 수저, 식기, 일회용품, 행주 등 잡다하게 많은 것을 보관할 수 있어야 한다. 손님에게 음식을 제공하기 전에 준비하는 공간으로 메뉴 제공 속도와 완성도를 높이는 역할을 한다.

⑦ 보관 창고

이 공간도 많은 업주가 간과하는 공간이다. 식당에서 술을 판매하는 경우, 부피가 큰 술 상자를 보관할 만한 공간이 없으면 난감하다. 또 쓰레기와 분리수거가 수시로 나오기 마련인데 이것들이 처치 곤란인 경우가 많다. 별것 아닌 듯하지만 영업에 많은 방해가 되는 요소들이다. 그러니 설계 전에 꼭 이 공간을 만들기를 바란다. 하지만 주방의 크기가 작아서 공간을 만들기 어렵다면 주방 설비 중간중간 이런 것들을 보관할 수 있도록 주방 기구들을 빽빽하게 배치하지 않는 것이 좋다.

서울의 한 덮밥집.
배식구와 퇴식구가 잘 구분되어 주방의 효율이 높다.

하부와 상부

주방 집기가 배치되면 하부 공간은 대체로 수정 없이 배치된 채로 사용된다. 따라서 고정된 하부는 그대로 두고 활용성이 높은 공간은 상부 공간이다. 주방 집기 업체들은 주방을 설계할 때부터 작업자의 작업 과정에 대한 이해 없이 설계하므로 상부 공간의 설계를 소홀히 한다. 여기서 상부 공간은 사람의 허리 위쪽 공간을 말한다. 허리 위 공간을 어떻게 활용할 것인지가 주방을 얼마나 넓고 편하게 사용할 수 있는지를 결정한다.

① 하부

바닥에서 약 800mm까지의 공간을 말한다. 작은 조리 도구나 자주 사용하는 소스류를 보관한다. 허리를 숙여 작업해야 하는 공간인 만큼 무거운 장비와 같은 고된 활동에 적합하지 않다. 하부 안쪽에는 자주 사용하지 않는 장비나 공산품을 보관하는 것이 좋다. 바닥에서 450mm까지의 공간에는 큰 볼이나 바구니와 같이 가볍고 부피가 큰 것을 보관하는 것이 용이하다.

② 중부
바닥에서 약 800~1,200mm 높이의 공간을 말한다. 보통 이 공간에는 작은 선반을 달아 놓는다. 이곳은 하루에도 수십 번씩 사용하는 소스류나 소형 주방 기구 들을 올려놓고 사용한다. 이 작은 공간은 생각 외로 상당히 쓸모가 있고 활용도가 높다. 하지만 작업이 가장 많이 이루어지는 공간인 만큼 이 구역에 선반을 설치할 때는 작업의 종류가 어떤 것인지 확인한다. 때로 이 위치의 선반 때문에 중요한 장비를 설치하지 못하거나 조리 작업에 방해가 될 수 있기 때문이다. 또 선반 폭은 하부 작업대 공간 폭의 30%를 넘지 않도록 해야 한다.

③ 상부
바닥에서 약 1,350~1,800mm에 위치한 공간을 말한다. 이 공간에는 자주 사용하는 장비보다 하루 1~2회 정도 사용하는 것들을 배치한다. 가슴보다 높은 곳에서 사용해야 하기 때문에 무게감이 있는 것보다 한 손으로 쉽게 내릴 수 있는 무게 정도의 물건들을 올린다.

④ 최상부
바닥에서 약 1,800mm 이상의 공간을 말한다. 한 달이나 주 1회 정도 사용하는 장비나 재료 들을 보관하는 공간으로 작은 사다리를 놓고

올라가서 사용하는 공간이다. 이 공간이 굳이 필요하냐고 생각하겠지만, 작은 주방에서는 이 정도 면적의 공간도 부족하게 느껴진다.

상부 공간은 집기나 식재 들이 하부 쪽으로 내려오지 않게 하여 작업 공간을 최대한 확보하기 위한 공간이다. 위의 공간을 활용하면 영업장의 하부 공간을 넓히는 효과가 있다. 역으로 생각하면 적은 임대료로 더 넓은 공간을 사용한 셈이 된다. 10평 이하 소형 식당은 때에 따라 홀의 손님 머리 위, 테이블 아래, 의자 아래까지의 공간을 활용하기도 한다. 하지만 공간 활용을 과도하게 하면 매장이 좁고 답답해지며 움직임이 원활해지지 않는다. 여기서 디자인과 실용성의 비중을 결정해야 한다.

주방 설계 시 확인 사항

두 번째 초밥집을 열었을 때다. 매장 설계를 다 하고 보니 주방 복도 폭이 좁아 큰 불편함을 느꼈다. 딱 10cm만 더 넓으면 좋을 듯했지만 이미 늦은 뒤였다. 인테리어는 다 끝났는데 돈도 없고, 다시 수리하자니 이걸 돈 주고 해야 하나 하는 생각으로 몇 개월을 고민했다. 결국 난 어떻게 했을까? 10m가 넘는 다찌 전체를 큰 톱과 망치로 잘라 낸 후 전체를 약 10cm 이동시켰다. 고작 10cm 이동시켰으나 주방은 천국과 같은 모습이 되었다.

식당에서 주방이란, 예를 들어 사람의 심장이고 차의 엔진이라고 할 수 있다. 주방은 식당에서 음식을 만들어야 하는 핵심적인 공간이다. 배가 아무리 커도 모터가 성능이 나쁘면 앞으로 나아갈 수 없듯 주방은 영업장의 크기와 콘셉트에 맞게 설계되어야 한다.

식당의 모든 문제가 잘못된 주방 설계에서 시작된다면 당신은 믿겠는가? 예를 들어 주방 설계에 결함이 있는 식당이 오픈했다고 하자. 이런 식당은 처음에 손님이 뜸할 때는 큰 문제가 없다. 음식을 잘하는 식당이라면 시간이 지나면서 매출이 점점 늘어날 것이다. 하지만 일이 손에 익었음에도 두세 배 더 힘들게 느껴진다. 일이 잘되지 않자 업주는 인건비를 생각하지 않고 인력을 더 투입한다. 하지만 바쁠 때 오히려 매장이 더 복잡하기만 할 뿐 똑같이 힘이 든다. '오픈발' 때문인지 손님 대기까지 생긴다. 식사를 마친 손님은 빠져나가고 자리가 비기만을 기다렸던 손님은 잽싸게 자리에 앉아서 자신의 테이블을 빠르게 치워 주기만을 기다린다. 하지만 지금 이 식당은 전쟁터. 테이블을 치울 기미가 없고 주문한 음식은 나오지 않는다. 일머리가 없는 직원들은 우왕좌왕할 뿐이다. 주방 안에는 들어오는 설거지와 나가야 할 음식이 잔뜩 대기 중이다.

이런 상황이 바로 잘못된 주방 설계를 바로잡지 않은 채 식당이 오픈하고 흔히 겪는 일이다. 식당은 오픈 직후에 매출이 올라갈 때가 가장 중요한 시기이다. 주방 설계가 잘된 주방은 이런 시기를 무난히 넘기지만 주방 설계가 잘못되면 그 식당은 1년이 지나도 이 상황에서 나아지지 않는다. 매출이 조금만 올라도 영업장은 난장판이고, 이런 일들이 반복되면 매출은 고정되어 버린다. 그러다 결국 매출이 점점 줄어든다. 나는 매출이 어떻든 일정한 상품력을 유지하는 매출의 특성을 '매출 건전성'이라고 한다. 식당이 이 매출 건전성을 빠르게 만들지 못하면 그 식당은 오래 갈

수 없다. 하지만 이런 식당이 10개 중 7개는 족히 넘는다. 이 비율은 식당이 5년 내에 폐업하는 확률과 비슷하다. 지금까지 수많은 컨설팅을 하면서 이런 상황의 원인이 '잘못된 주방 설계'에 있다고 생각하는 업주는 많지 않았다.

식당 운영에서 효율적인 주방 설계가 왜 그토록 중요한지 명확해진다. 효율적인 주방 설계는 단순히 직원의 작업 효율성을 높이는 것을 넘어 고객에게 일관된 품질의 음식과 서비스를 제공하여 식당을 성공시키는 핵심 요소라고 할 수 있다. 효율적인 주방 설계는 다음과 같은 효과를 가져온다.

- 매출 건전성을 만든다.
- 매출이 올라갈 때 빠르게 상승시킨다.
- 효율적인 인력 운영을 가능하게 한다.
- 매출에 따른 순이익을 극대화시킨다.

주방 설계 전 확인 사항

식당 구조 때문에 힘들어하는 사람들을 만나서 왜 이렇게 구조를 짰냐고 물어보면 대부분 인테리어 업체가 이렇게 했다고 대답한다. 그렇다면 식당 설계, 특히 주방 설계가 잘못되어 망한 식당은 인테리어 업체 때문일까? 업체에 원하는 것만 간단히 이야기한 후 '다 알아서 하겠지'라고 생각한다면 큰 오산이다. 주방을 설계하기 전에 내가 직접 영업장을 구석구석 살펴봐야 한다. 튀어나온 기둥은 없는지, 주방 집기 설치를 방해하는 수도 계량기는 없는지, 필요 이상으로 높은 턱은 없는지 등 내가 만들고자 하는 주방을 생각하며 설계 방해 요소를 미리 파악하는 것이다.

다음은 주방 설계 전 미리 챙겨 보면 좋을 항목들을 정리했다. 이런 것들을 내가 먼저 알고 인테리어 업체와 상의한다면 훨씬 만족스러운 결과를 얻을 수 있다.

영업장의 천장 높이

천장 높이가 낮으면 환기에 어려움이 있고 적절한 후드 설치가 어려워진다. 천장이 낮다고 해서 홀에 큰 영향을 미치는 건 아니지만 주방 시설을 시공할 때 어려움이 생긴다. 따라서 홀만 보고 '이 정도면 충분한데?'라고 생각하지 말고 주방 설계를 고려해 적합한 천장 높이가 맞는지 확인해야 한다.

여유 공간

일본의 한 식당에 방문해 주방을 구경하고 깜짝 놀란 적이 있다. 여기서 조리가 다 가능할까 싶을 정도로 작은 크기였는데도 불필요한 물건들이 밖으로 나오지 않았다. 전체를 살펴보니, 구석구석 모든 공간을 활용하는 모습을 발견했다. 조리 도구뿐 아니라 식자재들, 자주는 아니더라도 반드시 쓰이는 물건들까지 체계적으로 잘 정리된 상태였다. 처음 주방을 설계할 때부터 그린 그림이었을 것이다. 식당은 조리하는 공간뿐 아니라 식자재를 보관할 공간이 반드시 필요하다. 설계할 때 이런 공간들이 있다면 주방 구조 자체가 달라진다. 처음 영업장을 살펴볼 때 이 공간을 잘 확인하도록 하자.

자금 계획

권리금을 주고 식당을 얻는 경우 집기와 주방 공간을 그대로 인수하기도 한다. '주방이 잘 마련된 상태인데 군이 주방을 다시 만들 필요가 있나?'라고 생각하는 것이다. 하지만 (군이 비유하자면) 불도저와 굴착기의 용도가 다르듯이, 주방도 용도가 엄연히 달라 그것에 맞게 써야 한다. 다시 말해 주방이라고 다 같은 주방이 아니라는 것이다. 음식을 생산하는 과정에서 동선이 맞지 않으면 주방을 먼저 전면 교체해야 할 만큼 주방은 메뉴와 콘셉트에 맞춰서 설계되어야 한다.

만약 고깃집을 했던 식당을 인수해 횟집을 한다고 가정했을 때 주방을 그대로 두면 안 되는 것이다. 주방의 전체적인 모양과 쓰임새가 다른데 영업이 가능하겠는가? 조리 과정이 다르고 주방 집기의 모양과 위치까지 다르게 활용되기 때문에 횟집으로 사용하기에 적합하지 않다. 수백 곳을 운영해 봤지만 기존 주방이 새로운 식당의 용도에 맞는 경우는 없었다.

쉽게 말하면 불도저로 땅은 못 판다. 혹여 기존 주방을 그대로 쓴다 해도 상하수도와 전기, 후드는 위치를 꼭 바꿔야 한다. 돈 아끼겠다고 그 주방을 그대로 쓴다면 당장은 되는 것처럼 보이지만 결국 장사를 접게 된 결정적인 원인으로 지목된다.

20평 식당의 주방 면적을 30% 정도로 계산하고 주방을 만들면 지금 시세로 주방 시공비만 약 1,000만 원 정도 예상해야 한다. 식당을 하려면 이 정도 비용이 들어갈 거라는 자금 계획을 철저히 세워야 한다. 괜히 주방이 멀쩡해 보인다고 시공 계획에서 뺀다면 나중에 후회한다. 식당을 시작할 때 다른 것은 몰라도 주방 시공비는 반드시 책

정해야 한다.

상하수도

앞서 말한 냉면집은 빌딩 1층에 있었는데 영업을 시작한 지 얼마 안 되어 하수도가 막혔다. 내가 직접 뚫어 보려고 애썼지만 결국 뚫지 못해 하수도를 뚫는 업자를 불렀다. 업자는 이 상가의 하수도가 다른 상가처럼 메인 하수도로 연결된 것이 아니고 밖의 오수관으로 연결되었다고 했다. 상가 내부의 하수도를 외부의 오수관으로 연결하는 것은 불법이다. 걸리면 철거해야 하고 벌금도 물어야 한다. 알고 보니 하수구 배관이 너무 작아 자주 막히는 바람에 건물 내부 하수구를 쓰지 못한 것이 이유였다. 그래서 가게 밖에 있는 인도 앞 오수관으로 수년 전에 연결해 둔 것이다.

　식당은 상하수도의 문제가 자주 발생하며 그 문제는 치명적이다. 상가를 얻기 전에 상하수도의 문제는 그동안 사용한 기존 임차인이나 임대인에게 물어봐야 한다. 만약 하수도가 잘 막히는 구조라면 아예 새로 하수도를 만드는 방법이 있다. 처음부터 만드는 것이 어쩌면 장사하는 내내 하수도를 뚫는 것보다 나은 방법일 수 있다.

상수

복합 건물의 경우 식당이 많은 건물 중 상수압이 약한 곳이 많다. 식당이 한가한 시간에는 큰 문제가 되지 않지만, 바쁜 식사 시간대에 물이 쫄쫄거리며 나오면 설거지가 밀리고 그만큼 손님을 덜 받게 된다. 수압이 약하다고 상가를 못 얻는 것은 아니지만 그 수압 문제가 원만히 해결될 수 있는지를 알아봐야 한다. 만약 상수압이 약하다면 처음부터 물통과 수압 펌프를 장착하는 방법이 있다.

전기 용량

고층 빌딩과 같은 집합 건물에는 전기가 충분히 들어오지만 관리실에서 영업장별로 전기를 얼마나 분배해 준 것인지 알 수 없다. 이 때문에 전기를 쓰는 조리법이 많아지면 전기를 얼마나 받을 수 있을지도 미리 알아봐야 한다. 또 증설이 필요할 경우 증설 가능 유무를 구두로 전달받기보다 서면으로 확실한 답변을 주고받아야 나중에 문제가 생기지 않는다.

가스 시설

대부분의 가스 시설은 도시가스(LNG)지만 단독 건물 형태 중에는 도시가스가 아닌 LPG인 경우가 있다. 이때 가스 온수기 설치가 가능한지 확인해야 한다. 가스 온수기는 배관이 반드시 외부로 돌출되도록 법적으로 규정되어 집합 건물에 가스 온수기를 설치하지 못하는 경우가 많다.

소방법

집합 건물이 클수록 소방 규제는 심하다. 설계 전 소방법에 저촉되지 않도록 주방 설계가 이루어져야 한다. 인테리어 업체와 협의하여 인테리어 시작 전에 소방 관련 문제를 해결해야 한다.

손님의 유입 경로

상가에서 주방의 위치를 잡기 위해 현장에서 가장 먼저 확인하는 것이 바로 이 메인 통로이다. 메인 통로에서 손님이 대부분 유입되기 때문에 이 유입 경로를 보고 주방과 홀의 위치를 잡는다. 주방과 홀의 위치를 정해야 출입구를 정할 수 있다.

공조

식당에서 환기는 상하수도만큼 중요하다. 환기가 되지 않으면 영업을 할 수 없다. 공조 시설 설치 유무와 흡기, 배기를 어디에 설치 가능한지 등을 확인해야 한다.

냉난방기와 실외기 위치

냉난방기는 실내기 위치도 중요하지만, 부피가 큰 실외기 위치도 미리 점검해야 한다. 자리를 확보하지 못하고 애매한 곳에 설치하게 될 경우 막대한 비용이 들게 된다.

출입구

손님의 주 출입구와 직원의 주 출입구를 확인하여 구분하는 것이 좋다. 또 카운터가 위치한 주 출입구에 복도가 좁아 혼잡하지 않은지, 화장실 위치가 주방과 너무 가까운 것은 아닌지 등을 확인한다.

섬세한 주방 설계가
모두를 살린다

이천의 유명한 갈빗집은 40평이라는 작은 평수에서 매월 수억 원을 찍는 식당이다. 그곳에서 어느 날 컨설팅 의뢰가 들어왔다. "골치 아픈 문제가 있어서요, 도와주실 수 있을까요?" 장사가 잘되는데 왜 나를 부르지 싶어 가 보니 그 식당은 매출이 높은 만큼 상당히 많은 근무자가 일하는 중이었다. 게다가 주방 규모를 계속해서 늘려 왔던 터라 주방이 정돈되지 않은 채 들쭉날쭉했고, 한 번 움직일 동작을 여러 번 움직여야 했다. 업주는 현재 매출보다 더 안 나와도 좋으니 주방을 좀 더 효율적이고 쾌적하게 하고 싶다는 요청을 했다. 공사 기간은 한 달이 넘었다. 공사비와 매출 수익을 따진다면 약 1억 원이 넘는 손해를 감수해야 했다. 그럼에도 시공을 진행했고, 시공이 끝나고 6개월 뒤 업주에게서 전화가 왔다.

"6개월 만에 투자비는 다 뽑았네요. 동선이 좋아지면서 작업자도 줄었습니다. 직원들이 가장 좋아하는 건 주방이에요. 쾌적해졌다고요. 앓던 이 뽑은 기분이에요!"

오래된 식당 업주들은 보통 이런 투자를 과감하게 하지 못하는데, 이 때 만난 업주는 대범한 업주였다. 1억 원을 투자한 업주의 용기에 박수를 보냈다.

지금까지 1,000여 건의 컨설팅을 진행하며 수많은 식당을 배출했다. 그중엔 컨설팅을 받아 잘된 식당도 있고 오래 못하고 문을 닫은 식당도 있다. 오해하지 말아야 할 것은 식당의 성패를 결정짓는 이유는 한 가지가 아니라는 것이다. 그러나 수많은 주방 컨설팅에서 얻은 결론을 한 가지만 말하라고 한다면 주방은 최적의 공간이어야 한다는 것이다.

식당 주방을 잘못 설계하면 잠복기가 있는 질병에 걸리는 것과 같다. 주방을 완성한 그 즉시는 모르지만 시간이 지나면서 증세가 나타나고 결국 병자가 되거나 죽게 된다. 식당이 망하는 딱 한 가지 원인이 주방이라고는 말하지 않겠다. 하지만 잘되는 식당의 일이 고된 이유는 무조건 주방의 문제다. 잘되는 식당은 일이 힘들면 안 된다. 그 식당도 출퇴근 루트가 일정하고 안정적인 일반 회사처럼 출근해서 퇴근할 때까지 루틴에 맞춰 일을 하는 것과 같아야 한다. 그 힘듦이 회사를 다녀서 힘들다는 표현과 같아야 한다. 하지만 잘못된 주방을 가진 식당에서 힘들다는 말은 '고통스럽다'와 같다. 식당의 매출이 높아 일손이 바쁘다면 인원을 더 추가하거나 중간중간 쉬게 해서 해결하고, 현재 인원을 유지하고 싶다면 견딜 만한 월급을 더 주면 된다. 그럼 직원은 힘들다는 말을 하지 않는다. 그런데도 해결이 안 된다면, 다른 식당과 비교했을 때 같은 인원과 같은 매출인데 이 식당과 저 식당의 노동 강도가 다르지는 않은지 확인해 봐야 한다. 단언컨대 이는 주방의 문제일 확률이 크다.

그렇다고 주방이 크다고 다 좋은 주방인 것은 아니다. 주방이 넓으면 그만큼 많이 걸어야 하고 움직이는 동선도 길어진다. 주방을 작게 만들라는 것도 아니다. 주방이 작으면 더 힘들다. 하나의 작업을 하기 위해 넓은 주방보다 더 많이 움직여야 하기 때문이다.

결국 주방은 최적의 공간이어야 한다. 최적은 그 공간에 맞는 섬세한 설계에서만 가능하다.

식당에서 주방이란 어떤 의미인가?

식당에서 주방이란? 상업적인 음식 판매를 목적으로 조리나 식재료의 손질을 위해 사용하는 공간을 말한다. 나는 주방을 크게 메인 조리를 할 수 있는 '밑조리' 주방과, 바로 요리를 해서 손님에게 제공하는 '주조리' 주방으로 나눈다. 이 구조는 큰 식당이든 작은 식당이든 상관없이 그 형태가 나뉜다.

밑조리 주방은 주로 조리 전에 식재료를 밑손질하는 주방으로, 절단과 정리를 하는 공간으로서의 역할을 한다. 그리고 주조리 주방은 다듬어진 재료를 바로 가열 기구에서 조리하는 곳이다. 작은 식당일 경우 주방이 작아 물리적으로 나누는 것은 어렵다. 하지만 작업 시간을 기준으로 주방의 공간을 분할하면 된다. 밑조리는 미리 작업해서 주조리 시 밑손질 작업을 최소화하는 것이다. 작은 주방은 할당된 시간에 맞춰 장비와 식재료 들을 넣고 빼는 과정이 따르기 때문에 큰 주방보다 일이 많을 수밖에 없다.

관리 방법에 따른 분류

주방은 관리 방법에 따라 건식 주방과 습식 주방으로 나눌 수 있다. 가정용 주방의 형태가 건식 주방의 형태라고 보면 된다. 주로 가벼운 간식, 음료, 패스트푸드와 같은 식사를 준비하고 간단한 조리 장비와 도구를 보관하는 주방이다. 그에 반해 습식 주방은 복잡한 조리나 대형 도구를 사용하는 조리 작업, 특히 기름이나 물을 많이 쓰는 요리에 적합하다. 습식 주방은 앞서 말한 복잡하고 큰 조리 기구나 다양한 종류의 식재료, 식품 보관 용기를 보관하기에 적합하다. 뜨거운 물이나 기름 사용이 많은 요리를 위해 물청소가 용이하도록 만들어진 주방이다. 이런 주방의 바닥은 내구성이 강하고 방수 처리된 재료로 만들어진 방수층이 필요하다. 요리사들이 대량의 음식을 만들고, 복잡한 조리 과정을 무난히 소화할 수 있도록 튼튼하게 만들어진 주방이다.

건식 주방의 장점

- 방수 시공을 하지 않기 때문에 주방 공사 비용이 적게 든다.
- 주방과 홀의 바닥 높이가 거의 같아 작업자의 피로도가 덜하다.
- 천장이 낮은 식당에 적합하다.
- 가벼운 조리나 간단한 식사 준비에 적합하다.(커피숍, 베이커리 숍 등)

건식 주방의 단점

- 물청소를 할 수 없어 전문적인 인력이 관리하지 않으면 관리가 어렵다.
- 상수와 하수 배관이 노출되어 청소의 어려움이 있다.
- 그리스 트랩(Grease trap: 음식물 찌꺼기로부터 수질 보호와 배수관의 청결을 유지하기 위해 설치하는 제품)이나 트렌치(Tranche: 바닥에 물이 고이지 않게 하기 위한 용도의 스테인리

스, 알루미늄, 콘크리트 재질의 제품)를 설치할 수 없어 하수구가 잘 막힐 수 있다.

- 주방 하수구의 개수를 늘리기 어렵다.
- 방수를 하지 않을 경우 소량의 물에도 아래층을 향해 누수 현상이 발생할 수 있다.

습식 주방의 장점
- 물청소가 용이해 관리가 쉽다.
- 그리스 트랩이나 트렌치를 설치할 수 있어 하수 배관 관리가 용이하다.
- 주방의 어떤 위치에도 하수구 설치가 가능하다.
- 대량 조리 작업과 빠른 조리에 적합하다.

습식 주방의 단점
- 주방이 홀 바닥보다 150~300mm 정도 높아질 수 있다.
- 타일을 잘못 배치할 경우 바닥이 미끄러울 수 있다.
- 시공 비용이 건식 주방보다 비싸다.
- 누수 문제가 자주 발생한다.

식당의 주방은 식자재를 다루는 공간인 만큼 자주 깨끗이 청소해야 하기 때문에 대부분 습식 주방으로 설계하는 편이다. 습식 주방은 누수 때문에 건식 주방보다 관리가 어렵다. 누수의 문제는 대부분 바닥 방수층이 깨지는 것이 원인이지만, 정확한 누수 원인을 찾기 어렵다. 설령 문제를 찾는다고 해도 주방 기구들을 옮겨서 수리해야 하는데, 바닥을 깨고 수리한 뒤에도 시멘트가 건조되는 과정이 필요해 며칠의 시간이 걸린다.(완결 시멘트 사용 시) 따라서 영업에 타격이 크다. 그래서 주방을 만들 때 처음부터 경험이 많고 전문성 있는 인테리어 시공 업체에 맡기는 것이 중요하다.

습식 주방은 대부분 건식 주방보다 높게 설계하여 시공한다. 바닥을 파서 배관을 매설하는 경우를 제외하고 모든 배관을 방수 시멘트로 매립하기 때문에 바닥이 올라올 수밖에 없다. 식당에서는 되도록 습식 주방의 형태로 시공하는 것을 권한다. 그게 훨씬 더 위생적이고 편리하다.

주방의 형태별 분류

주방은 형태로 분류해 볼 수 있다. 식당에 가서 주방을 본 적이 있다면 모든 주방이 비슷하게 생기지 않았다는 점을 깨달았을 것이다. 아파트 모델 하우스에 가면 A타입, B타입 주방 모양이 각각 다르듯 식당의 주방도 그 모양이 모두 다르다. 매우 다양한 형태로 나눌 수 있는데, 각각의 장단점이 있기에 식당 콘셉트에 맞춰 선택하는 것이 중요하다.

일직선형

주방 폭이 좁은 10평 이하 식당에 적용하여 설계한다. 주방의 한쪽 벽면으로만 주방 집기를 배치한다. 조리자와 손님이 가까워 메뉴 제공이 빠르다. 식당이 작은 만큼 수납공간이 부족하며 다양한 주방 기구를 배치할 수 없다. 냉장 공간도 부족해 제한된 메뉴만 구현할 수 있다. 퇴식과 배식에도 어려움이 많다. 영업의 형태로 패스트푸드나 식기 회수가 적은 식당에 적합하다.

매장이 작다면 이 주방이 최적이다. 영업장 면적 대비 가장 많은 좌석을 만들 수 있다. 단 병렬형과 비슷해 보이지만 한쪽이 벽면이라 어깨가 닿는 관계로 근무자 움직임에 불편함이 있다는 단점이 있다.

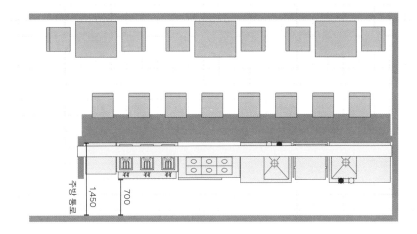

주방통로

1,450

700

일직선형

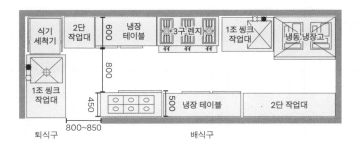

식기 세척기

2단 작업대

냉장 테이블

3구 렌지

1조 씽크 작업대

냉동 냉장고

1조 씽크 작업대

냉장 테이블

2단 작업대

600

800

450

500

800~850

퇴식구

배식구

병렬형

병렬형

가장 일반적이고 동선이 짧은 형태를 가진 설계 방법으로, 주방의 마주 보는 양면에 주방 기구를 배치한다. 좁은 주방에 적합한 형태다. 작업자의 최소 복도 폭은 700mm이고, 최적의 복도 폭은 850~1,050mm이다. 퇴식과 배식을 반드시 분리하는 것이 좋다.

이 형태는 1~2인 주방에 적합하고, 상당히 많은 메뉴를 구현할 수 있다는 장점이 있다. 그러나 주방 집기를 옆으로 계속 늘려야 하는 문제가 있어 동선이 길어지는 것을 조심해야 한다.

ㅁ자

주방의 사방 면에 주방 기구를 배치하는 형태이다. 주방 구석의 블랙존(효율성이 떨어지는 공간)을 해결해야 한다. 이는 보통 큰 주방에서 설계된다. 여러 작업자가 움직이는 만큼 수방 최소 쪽은 850mm이고 최적의 복도 폭은 900~1,200mm 정도이다.

아일랜드형

다소 큰 주방이라면 가장 효율적인 주방 형태라고 생각한다. 작업자의 이동 경로가 회전이 가능한 형태여서 동선이 겹치지 않아 효율적이다. 패스트푸드점 주방이나 대형 식당에서 흔히 볼 수 있다. 주방에 구역별로 인원이 배치되면 병렬 주방보다 생산 속도가 빨라진다. 또 작업자의 동선이 마주치지 않기 때문에 사고 위험의 우려도 적다. 그러나 만약 매출이 줄어 작업자를 최소화하면 병렬 구조보다 더 힘들다는 단점이 있다.

ㄴ자형 레이아웃

2개의 벽이 만나는 모서리를 중심으로 양면에 주방 집기를 배치하는 형태이다. 보통 가정의 주방 형태로 보면 된다. 제한된 형태에서 설계되기도 한다. 영업용 주방으로는 활용하기가 어렵다. 물론 분업이 가능한 구조여서 매출이 받쳐 주면 생산 속도가 높아지고, 홀을 감싸는 주방 구조이기 때문에 서비스가 빠르게 이루어진다. 그러나 반대편 주방 작업자의 작업을 인지하기 어렵고, 주방이 나뉘는 구조여서 병렬 주방보다 작업자가 더 필요하다.

ㄷ자형 레이아웃

주방 공간을 감싸는 3면에 주방 집기를 배치하는 형태이다. 아일랜드형 주방의 차선책이다. 중앙에 움직이는 공간이 여유가 있지만 아일랜드형으로 만들기도 애매한 형태일 때 설계된다. 반대편 주방 라인으로 돌아갈 때 한 발 더 움직여야 하는 구조이다.

혼합형

ㄷ자형과 아일랜드형의 혼합형으로 패스트푸드점과 고속도로 휴게소와 같이 빠른 메뉴를 제공하는 주방에서 사용한다. 대량으로 빠르게 조리할 때 효율적인 주방 형태이다. 단점이라면 영업장 전체에서 주방 영역의 크기가 필요 이상으로 커진다는 것이다.

다찌

다찌는 일본어로 '서서 술 마시다'의 '다찌노미(立ち飲み)'에서 유래되었다. 지금은 바 형태의 밥집에서 한쪽만을 바라보고 먹는 좌석 배치 스타일을 말한다. 일본에서는 대부분 작은 식당이 모두 이 형태다. 이유는 간단하다. 적은 인원으로 음식을 빨리 제공할 수 있기 때문이다. 우리나라의 작은 식당들도 이 형태로 많이 설계된다. 다만 '혼밥'

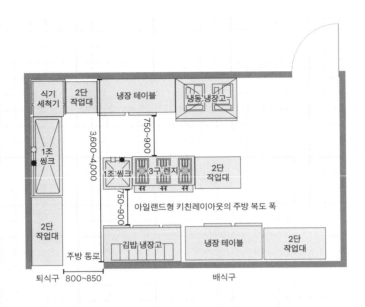

식기 세척기 | 2단 작업대 | 냉장 테이블 | 냉동 냉장고
3,600~4,000
1조 씽크 | 750~900
2단 작업대
1조 씽크 | 750~900 | 3구 렌지 | 2단 작업대
아일랜드형 키친레이아웃의 주방 복도 폭
2단 작업대 | 김밥 냉장고 | 냉장 테이블 | 2단 작업대
주방 동로
퇴식구 800~850 | 배식구

일직선형

문화가 뚜렷이 정착되지 않아서 메뉴에 따른 호불호가 있다. 인건비가 오르고 온도감 있는 음식을 제공하기에는 가장 좋은 홀 서비스 형태이다.

　다찌는 주방에서 직접 메뉴 서브가 가능하고 고객과 직원과의 소통이 원활하다는 장점이 있다. 빠른 메뉴 전달로 음식의 온도감을 온전히 느낄 수 있고, 식사 시간이 짧다. 하지만 주방이 모두 노출되기 때문에 철저한 관리가 요구된다. 또 테이블 바로 앞이 주방이기 때문에 시끄러운 편이다. 단체 손님을 받기 어렵고, 메뉴 서브까지 하는 만큼 주방의 노동 강도가 높다.

1년 안에 망하고 싶다면 고깃집 주방으로 생선 가게 하면 된다

주방 설계 컨설팅을 의뢰받을 때 가장 많이 받는 질문이 "지금 주방을 그대로 사용하고 싶어요. 집기만 배치해서 쓸 수 있을까요?"이다. 그것은 질문이 아니라 동의하기를 바란다는 의미로 묻는 것이다. 대부분 주방을 그대로 쓰기를 원한다. 그리고 1년 후쯤에 후회를 한다. 집기를 수시로 바꾸거나 보수 공사를 하거나 크고 작은 사고들로 괴롭힘을 당하기 때문이다. 앞에서 언급했던 잠복기를 끝내고 나타난 그 질병이다.

이전에 진행했던 상담 사례 중 기존에 칼국수 식당이었던 주방을 생선구이집 주방으로 쓰겠다는 건도 있었다. "안 됩니다." 내가 단호하게 말하자 "이렇게 깔끔한데 뭘 다시 할 필요가 있어요?"라는 뻔한 답이 돌아왔다. 비용 문제가 걸렸다 보니 독하게 제안하지 못했지만 얼마 안 가 이전 주방을 그대로 쓴 것을 후회하게 될 것이라고 확신했다.

이러한 사례는 수없이 많다. 수원의 1, 2층으로 된 돈까스집을 인수한 카페 업주는 주방을 그대로 사용했다가 도저히 일이 되지 않아서 나를 불렀다. 가서 보니 주방은 그야말로 난장판이었다. 카페에는 오븐기가 필요한데 오븐기 위치를 잡지 못해 카페 홀로 나온 상태였고, 덤웨이터(물건을 운반하기 위한 간이 화물용 승강기) 앞은 집기들로 가려져 도저히 사용할 수 없는 상황이었다. 결국 주방을 새로 설계하며 집기를 들어내고 주방을 철거했다. 돈이 2배로 든 셈이다.

식당은 업종별로 메뉴가 다 다르다. 메뉴가 다르다는 것은 조리법이 다르다는 것이다. 조리법이 다르면 주방 기구의 모양과 배치가 달라진다. 주방 기구의 배치가 달라지면 상하수도 전기 배치와 후드 위치가 달라진다. 그래서 세상에 똑같은 주방이 있을 수 없다. 예를 들어 같은 삼겹살집이라도 철판에 구워 먹는 김치 삼겹살과 숯을 사용하는 숯불 삼겹살의 조리 과정은 완전히 다르다. 주제와 콘셉트에 따라 불판의 모양이 달라지면 상차림 모양도 바뀐다. 같은 삼겹살이라도 주방의 모양이 달라져야 하는 이유다.

식당을 시작하기 전에 업태별 주방과 영업 특징을 알고 시작한다면 실패 확률이 훨씬 줄어든다. 보통 식당을 나눌 때 카테고리는 업태별로 나누지만, 주방의 형태와 조리 과정의 특징별로 식당을 나눈다면 다음과 같다.

주점
- 다채로운 메뉴 구성이 필요하기 때문에 다양한 조리 장비와 다기능성 복합 조리 장비가 필요하다.
- 주점 영업장은 대체로 넓기 때문에 키오스크나 테이블 주문 시스템과 서빙 로봇 도입을 추천한다.

대부분 메뉴를 반조리 제품이나 완조리 제품으로 조리하기 때문에 넓은 식재 창고와 체계적인 정리 시스템이 필요하다.

조리 숙련자가 아닌 일반인들도 조리할 수 있도록 단순한 시스템을 갖춰야 한다. 인덕션과 같은 자동 조리 도구가 필요하다.

고깃집

고기 굽는 연기와 냄새로 공조 시설이 무엇보다 중요하다.

홀에서 조리하므로 충분한 냉방 시스템이 필요하다.

고깃집은 유증기(고기 기름 연기) 때문에 청소하는 데 많은 시간과 비용이 소요 된다. 그래서 냉난방기 수명도 짧다.

고깃집에서 고기를 구워 제공하는 방식은 숯, 가스, 전기, 연탄, 목탄 등 다양 하다. 이 방식 안에서 또 다른 형태로 나뉜다. 그릴링 여부에 따라 별도의 착 화실(숯에 불을 붙이는 공간)이 필요하기도 하며, 착화실 안에 배치한 냉난방기의 용량이 달라지므로 꼼꼼히 살펴야 한다.

한식

한식 특성상 제공하는 반찬이 많다. 반찬이 많아지면 다른 업태보다 퇴·배식 공간이 커야 한다.

반찬 추가 요구가 많아 셀프바나 로봇 서빙 시스템이 요구되기도 한다.

반찬이 많은 만큼 테이블은 일반 식탁보다 커야 한다. 테이블이 크다는 것은 그만큼 복도가 좁아질 수 있고 서비스의 양이 늘어난다는 의미이기도 하다.

한정식은 예약제로 운영되는 경우가 많다. 이런 주방은 미리 음식을 세팅한 상태에서 바로바로 음식이 나가야 한다. 이에 주방이나 세팅바 쪽에 음식 세 팅 구역이 넓게 설계되어야 한다.

카페

· 간단 조리 음식이 대부분이어서 습식 주방보다 건식 주방이 적절하다.

· 보통 오픈 주방 형태가 많기 때문에 대형 영업장이 아닌 이상 소음 때문에 식기세척기를 사용하기 어렵다.

· 식기세척기를 사용하기 어려우므로 충분한 음료 조리 공간과 여유롭게 식기를 세척할 싱크대가 필요하다(스타벅스는 세척실이 주방 안쪽에 따로 있다).

일식

· 일식, 횟집, 초밥집이 이 영역에 포함된다. 일식은 대부분 날것을 취급하기 때문에 특히 더 정결한 주방 환경이 필요하다.

· 대부분 오픈 주방이기 때문에 전문적 경험이 있는 직원이 필요하다.

· 일식이나 초밥은 요리에 장식을 하거나 정교하게 회를 써는 작업을 오랫동안 반복해서 해야 한다. 이 때문에 일반 작업대보다 50mm 이상 높아야 한다.

중식

· 종일 뜨거운 불 앞에서 볶음과 튀김을 해야 하는 중식은 환기 시설이 고깃집만큼 중요하다.

· 기름을 많이 다루는 중식은 후드에서 많은 기름이 떨어지기 때문에 자주 청소를 해야 한다.

· 모든 음식을 즉석에서 빠르게 만들며, 기름을 많이 사용하기 때문에 습식 주방을 갖춰야 한다.

· 웍을 흔들어 조리하기 때문에 웍 조리 영역의 복도 폭이 최소 1,000mm 이상 되어야 작업자가 덜 괴롭다.

원플레이트 식당

- 메인 메뉴 한 그릇에 담겨 제공되는 온도감이 중요한 메뉴(국밥, 파스타, 돈까스, 덮밥 등)는 조리가 완료되면 바로 손님상에 놓여야 하므로 작은 식당이 유리하다. 메뉴가 주방에서 바로 제공되는 다찌 형태의 영업장이 좋다.
- 다찌가 아니더라도 손님에게 음식이 빠르게 제공될 수 있는 주방 설계가 필요하다.

배달 식당

- 홀이 없는 배달 식당은 일반 식당처럼 설계해서 안 된다. 가장 부피가 큰 배달 용기를 빠르고 원활하게 넣고 뺄 수 있는 창고나 수납공간이 필요하다.
- 다 조리된 음식을 배달원이 사고 없이 가져갈 수 있는 픽업 공간이 필요하다.
- 퇴식구가 없기 때문에 배식구 역할을 하는 포장 공간을 더 크게 만든다. 속도가 중요한 만큼 배달원들이 좀 더 신속하게 움직이며 사고 없이 픽업해 갈 수 있는 설계가 요구된다.

샐러드(패스트푸드)

- 패스트푸드점은 복잡하지 않은 조리법 때문에 수년 전부터 급격히 늘었다. 특히 샐러드 전문점은 음료와 다른 간단 조리 메뉴를 판매하는 형태로 진화하는 추세이다.
- 다양한 메뉴가 있는 혼합된 콘셉트의 식당이라면 주방이 좀 더 다양한 요리를 빠르게 조리할 수 있는 섬세한 설계가 요구된다.
- 배달과 포장 매출이 많은 샐러드 전문점은 배달 식당과 방문 식당, 두 가지가 적절히 섞인 형태가 유리하다.

뷔페

- 대량 메뉴를 취급하는 업태의 특성상 주방이 커야 한다.
- 작업자들이 만들어 내는 음식들이 대부분 대량 조리이고, 재고량을 많이 보유해야 하기 때문에 일반 식당보다 주방 통로와 여유 공간, 창고가 넓어야 한다. 또 냉장과 냉동 공간도 충분해야 한다. 그래야만 빠르게 소진되는 음식들을 시간에 맞춰 조리해 메뉴들을 채울 수 있다.
- 뷔페 식당도 큰 식당과 작은 식당으로 나뉘지만 크기만 다를 뿐이지 과정과 동선은 비슷하다.

식당은 시간과 공간과 사람의 건전한 균형 속에서 완성된다

식당은 생산과 소비가 동시에 일어난다. 그렇기에 식당이 성공하려면 시간, 공간, 사람이 선순환하는 구조 속에서 일정한 상품력을 가진 상품이 생산되어야 한다. 쉽게 말하면 정해진 시간 안에 효율적으로 음식이 나와야 하고, 사람이 잘 구축된 공간 속에서 지치지 않고 일할 수 있어야 한다. 조리와 서비스 시간을 단축하기 위한 효율적인 공간 속에서 업주가 주도적으로 직원이 편하게 서비스할 수 있는 환경을 제공한다면? 서비스를 제공받은 손님은 행복한 시간을 보낼 수 있다. 내가 생각하는 이상적인 식당의 모습은 바로 이런 것이다.

조금 더 구체적으로 설명하자면 여기서 말하는 시간이란 일차적으로 메뉴를 생산하는 속도를 의미한다. 업주는 이 속도를 얼마나 더 효율적이게 단축할 수 있느냐를 늘 고민해야 한다. 식당 안에는 다양한 공간이 있다. 그 공간이 효율적인 시간 단축과 질 좋은 서비스에 지대한 영향을 미친다. 식당은 사람이 일하고 사람이 오는 곳이기에 사람이 행복하지 않다면 잘될 수 없다. 식당이란 이 모두가 서로 균형 있게 영향을 주고받으며 만족감을 가지는 곳이다. 이 구조를 잘 짜야만 식당이 원활하게 움직여 지속적으로 생명을 유지할 수 있다.

이 세 가지 선순환 구조를 완성하는 요소 중에서도 나는 특히 공간을 이야기해 보려고 한다. 공간이 제대로 짜이지 않으면 첫 단추가 잘못 꿰진 것처럼 최종 서비스를 하는 순간까지 여러 사람이 고통을 안게 된다. '이미 이렇게 구조가 짜인 걸 어떡하지'라는 생각에 꾸역꾸역 그대로 밀고 나가다 보면 분명 일이 많은 건 아닌데 일하는 사람은 늘 피곤하고, 손님이 많지 않은데도 낮은 퀄리티의 서비스를 제공하게 되는 일이 반복된다. 이런 서비스를 받은 손님이 단골이 되고 다음 사람을 데려오고 입소문을 내줄 리가 없다. 돈을 들여 홍보하고, 잠시 그 효과로 손님이 몰린다 해도 일하는 사람은 그만큼 더 고통이 가중될 뿐이다. 이런 악순환 구조가 고쳐지지 않는다면 결국 매출 하락의 결말을 얻게 되는 것이다.

이러한 악순환 구조를 반복하지 않기 위해 식당 설계 시 반드시 확인해야 하는 항목은 무엇인지, 식당의 동선을 짤 때 고려해야 할 부분은 무엇인지 알아야 한다. 앞에서 이미 나온 내용도 있으나 다시 한 번 더 꼼꼼하게 살펴보며 확인하도록 하자.

식당 설계 시 필수 확인 항목

다음은 식당을 하기 위해 상가를 얻기 전 반드시 확인해야 하는 항목들이다.

공조

상가에는 환기구가 내부에 설치된 경우가 많지 않다. 이 때문에 환기구를 반드시 확인해야 한다. 계약 전 임대인과 부동산은 뭐든 다 협조해 줄 것처럼 하지만, 막상 계약하고 나면 많은 제재를 하기도 한다. 공조를 어떻게 할지 계약 사항에 넣는 것도 방법이다. 외부로 환기구를 빼서 옥상에 올릴 것인지, 매장 앞으로 바로 환기를 해도 되는지, 공조 시설을 원활하게 설치할 수 있는지 확인하고 또 확인해야 한다.

상수

온수가 건물 자체에서 공급되는 경우도 있지만 대부분 온수는 상가 자체에서 만들어 써야 한다. 온수가 자동 공급된다면 별도의 온수 보일러가 필요 없지만, 온수 공급이 안 된다면 온수 보일러 설치 여부를 확인해야 한다. 상가가 마음에 드는데 가스보일러를 설치할 수 없다면 나는 그 상가를 얻지 않는다. 전기 온수로는 식당의 온수 문제를 해결하기 어렵기 때문이다. 작아 보이지만 그런 큰 문제 때문에 몇 년을 잇지 못 하고 가게를 접기도 한다.

수압도 중요하다. 수압이 너무 약하면 조리 시간과 영업 리셋 시간이 오래 걸리기 때문에 그만큼 영업에 손실이 생긴다.

하수

고깃집을 하려는데 하수 배관이 50mm라면 얻지 않는 것이 좋다. 하수 문제는 생각보다 심각하고 개선하기 어렵다. 건물이 오래되었다면 더더욱 그렇다. 자주 발생하지는 않지만, 식당을 운영하는 내내 큰 스트레스를 줄 수 있다. 만약 꼭 그 상가를 얻어야 한다면 그리스 트랩을 반드시 설치하고 하수도 뚫는 장비를 구비해 주기적으로 하수관을 청소해야 한다.

전기

가게를 계약하기 전 건물 내에 할당된 전기 용량과 계약 예정 상가에 전기가 어느 정도 들어오는지 확인해야 한다. 전기가 부족하다면 해당 상가 안으로 더 끌어오는 것이 가능한지도 확인해야 한다. 상암동의 한 국밥집은 여러 대의 대형 전기 인덕션 장비를 준비했다가 철수했다. 계약 전에 기존에 할당된 전기량보다 필요한 만큼 더 쓸 수 있다고 들었지만, 결국 건물 관리실에서 전기량을 더 주지 못했기 때문이다. 식당 운영 준비를 하다 보면 인수한 식당의 전기 용량이 많이 부족하다는 것을 알게 된다. 에어컨 몇 대와 냉장고 몇 대만 놓아도 30kW는 훌쩍 넘어가기 때문이다. 요즘처럼 인덕션을 많이 쓰는 시대라면 더욱 그렇다. 전기가 부족하면 수시로 차단기가 떨어지고, 단독 상가의 경우 계약 시 정했던 전력 양보다 전기를 많이 쓰면 과태료를 물게 된다.

가스

가스는 LPG와 LNG로 나뉜다. LNG가 화력은 약하지만 가격은 저렴한 편이다. 하지만 처음 설치하는 데에 150~300만 원 정도의 비용이 든다. 또 장비가 추가될 때마다 설계 변경 신고 비용을 내야 하기 때문에 LPG보다 장비 변경이 수월하지 않은 단점이 있다. 반면 LPG는 화력도 좋고, 계약한 LPG 업체에서 시설을 무료로 설치해 주지만 LNG보다 단가가 많이 비싸다.

햇빛

식당의 필수 확인 항목에 햇빛이 무슨 소리인가 싶겠지만, 하루 12시간을 햇빛 없는 공간에서 지낸 사람이라면 바로 이해할 것이다. 앞서 말했듯 사람이 1년 365일 내내 햇빛 없이 일한다는 것은 참으로 불행한 일이다. 일산의 유명한 냉면집이 매물로 나와서 가 본 적이 있다. 대박이 난 냉면집임에도 불구하고 권리금이 너무 싸게 나와서 알아보니, 그 냉면집은 반지하도 아닌 지하에 조리 시설이 있었다. 매장은 1층에 있고 지하에서 음식을 조리하는 구조였다. 업주는 그 지하에서 냉면을 만들었고 결국 큰 병에 걸려 장사를 접게 되었다고 했다. 햇빛을 보지 못해서 그 병에 걸렸을 것이라고 확신할 수는 없지만 많은 식당 업주 중 햇빛이 없는 공간에서 장사한 업주들은 대부분 건강이 좋지 않았다(식당업은 햇빛이 있다 해도 건강해지는 업은 아니다).

소방법

소방법이 강화된 현재는 2층 이상이나 지하에서 식당을 한다면 이 부분에 특별히 신경을 써야 한다. 사업장이 크면 클수록 소방법 때문에 사업자를 내는 과정이 상당히 까다롭다.

식당의 동선

식당을 처음 시작했을 때 주방과 홀만 있으면 된다는 생각이었다. 종업원으로 지낼 때는 일하는 게 불편하면 그만두면 그만이었기 때문에 개선의 욕심이 없었다. 그래서 식당 내 동선이 얼마나 중요한지 장사를 시작하고 6개월 정도 지난 시점에 깨달았다.

동선이란 사람이나 물건이 특정 목적(작업)을 위해 움직이는 자취나 방향을 나타내는 선을 말한다. 식당에서 동선이 좋지 못하다는 것은 결국 팔이나 다리 하나가 없는 채로 일하는 느낌이다. 나쁜 동선은 작업할 때마다 짜증을 점점 더 돋우게 만든다. 더구나 식당의 동선이라는 건 한 번 만들어지면 수정하기 어려운 데다, 수정을 한다 해도 비용이 많이 들어 매우 어려운 숙제로 남는다. 그렇다면, 식당을 설계할 때 고려해야 할 동선에 무엇이 있는지 살펴보자.

식당 동선의 종류
- 손님 동선: 업장에 손님이 입장하여 주문을 하고 식사를 마친 후 퇴장하기 전까지의 과정
- 종업원 동선: 주문을 받고 손님에게 음식이 전달되기까지의 과정
- 식자재 동선: 식자재가 입고되고 조리되기까지의 과정

식당 동선에 따른 공간의 역할
준비대 → 개수대 → 조리대 → 가열대 → 배식대 → 식사 공간 → 퇴식대 → 세척대

- 준비대: 원재료의 밑손질 및 전처리 작업 공간
- 개수대: 전처리 후 세척하는 공간
- 조리대: 메뉴를 조리하는 공간
- 가열대: 식품을 가열하여 조리하는 공간
- 배식대: 완성된 메뉴를 서비스하기 전에 배식하거나 배식에 사용되는 식기를

놓는 공간

- 식사 공간: 완성된 메뉴를 손님이 식사하는 공간

- 퇴식대: 세척 전 식사가 완료된 식기를 놓는 공간

- 세척대: 식사가 끝난 식기를 세척하는 공간

위의 공간들은 주방의 컨디션에 따라 역할이 변형될 수 있다.

식당을 설계할 때
이 흐름과 원칙을 따라라

주방의 효율적인 설계 방법

20년이 넘는 세월 동안 다양한 콘셉트의 식당을 오픈하고 운영하면서 식당 운영의 프로세스에만 몰두해 왔다. 그 결과, 운영 비용을 줄이는 방법 중에서도 가장 효과적인 것은 바로 효율적인 주방 설계임을 알게 되었다.

효율적인 주방을 설계하려면 다음 네 가지가 중요하다.

① 안전
주방은 불과 칼을 다루는 곳이기 때문에 안전이 가장 우선시되어야 한다.

② 청결

식당이 잘 운영되기 위한 충분조건은 아니지만, 반드시 필요한 조건이다.

③ 효율성

주방 공간이 점점 작아지는 추세에 따라 1cm의 공간도 놓치지 말고 활용해야 한다.

④ 동작의 최소화

직원들이 업무할 때 덜 힘들도록 조치하고, 생산성을 향상시키는 것을 목표로 한다.

처음 식당 영업을 시작하는 곳에 컨설팅을 하러 가면 식당 설계보다 외적인 것을 훨씬 궁금해하는 경우가 많다. 특히 주방 설계는 아예 안중에 없는 경우가 허다하다. 겉으로 보이는 모습, 홍보 전략 등에 치중해 질문이 쏟아진다. 그러나 아무리 예쁘게 인테리어를 하고, 대대적인 홍보 전략을 펼쳐도 앞에서 강조했듯 식당이 돌아가는 시스템이 비효율적이라면 매출은 결국 떨어질 수밖에 없다. 메뉴가 맛있어서 정말 장사가 잘된다 해도, 직원이 일하기 힘든 구조라면 그 이유로 식당은 망하게 된다. 한 달에 억 단위의 매출을 포기하고라도 주방 동선을 바꾼 한 식당에 박수를 보내는 이유도 이 때문이다. 성공하고 싶다면 과감한 결단이 필요하다.

많은 사람이 간과하지만, 식당 설계에는 순서가 있고 특히 주방 설계에는 흐름이라는 것이 있다. 이 흐름을 따라 설계를 완성한다면 적어도 식당이 이 문제로 망하는 경우의 수는 사라질 것이다. 먼저 주방을 효율적으로 설계하기 위해 주방의 크기를 결정하는 것부터 시작해야 한다. 식당의 인테리어를 결정하기 전에 주방의 위치와 주방 내부의 작업자가 이동하고 작업할 통로의 폭을 정해야 한다. 이는 주방이 불필요하게 좁아지거나 넓어지는 것을 방지한다.

주방이 좁을수록 더 섬세한 시스템을 기반으로 한 설계가 필요하다. 작업 공간이 좁기 때문에 조리 도구들을 한 곳에 고정해 두고 사용하기 어렵다. 필요할 때마다 꺼내고 다시 넣어야 하므로 작업량이 증가한다. 따라서 주방 조리 장비는 간결하면서도 다기능을 갖춘 장비를 사용하는 것이 효율적이다.

주방에서는 작업이 어려운 하부 공간보다 비교적 손이 닿기 쉽고 허리를 구부리지 않는 상부 공간을 적극적으로 활용해야 한다. 하부에 냉장고나 작업대 같은 주방 집기들을 배치하고 나면 여유 공간이 없기 때문에 좁은 주방에서 특히 상부를 최대한 활용하면 좋다. 식재료나 장비 사용 빈도에 따라 상하로 배치하면 효율성을 극대화할 수 있다.

주방의 크기가 정해지면 그다음엔 세척할 식기를 넣을 퇴식 공간을 설계해야 한다. 메뉴를 제공하는 배식과 다 먹은 메뉴를 처리하는 퇴식, 이 두 과정이 원활하게 잘 이루어져야 한다. 퇴식은 배식만큼 중요하다. 공간을 설계할 때 퇴식 공간부터 설계한 뒤 배식 공간을 설계해야 주방의 동선이 효율적으로 잡힌다. 이렇게 하면 주방의 동선 흐름이 자연스럽게 정해진다. 주방 시스템의 측면에서 볼 때, 식당의 성패는 맛있게 음식을 만드는 것보다 얼마나 빨리 처리하고 첫 준비 상태로 돌아갈 수 있는지에 달렸다. 마케팅의 부재나 직원 구인의 어려움으로 실패를 보는 사람도 있지만, 그보다 더 근본적인 주방의 시스템 부재가 실패 원인이 될 수 있다.

74

퇴식구와 배식구가 정해졌다면 그다음엔 주방에서 상하 움직임이 최소화되도록 만들어야 한다. 주방 업무가 상하로 움직일 때 노동 강도가 가장 높다는 것을 알 수 있다. 주방에서는 허리 높이에서 작업할 때 노동 강도가 가장 낮다. 그다음은 어깨높이이며, 무릎 아래에서 위로 작업하는 것이 가장 힘들다. 자주 사용하는 식재나 장비는 허리 높이에, 그다음으로 자주 사용하는 것은 어깨높이에, 자주 사용하지 않는 것은 무릎 아래에 두면 노동 강도를 줄일 수 있다. 식당은 반복 작업이 많은 곳이기 때문에 작업자가 몸을 다치지 않을 수 있는 건강한 주방으로 설계해야 한다. 예를 들어 자주 사용하는 칼은 작업대 바로 위나 작업대와 동일한 높이에 있어야 사용이 편하고 안전하다. 하지만 칼보다 사용 빈도가 낮은 믹싱볼이나 스테인리스 밧드는 작업대 하부에 놓는 것이 효율적이다.

아까 말한 생산과 소비가 동시에 이루어져야 하는 식당업은 일반 생산업보다 재고 관리와 생산 관리가 훨씬 더 복잡하고 어렵다. 매일 달라지는 소비자의 취향, 계절에 따라 변하는 식재료, 불규칙한 손님 수까지 고려해야 하기 때문이다. 이런 것들은 식당 경영의 큰 약점으로 작용할 수 있다.

결국 식당업은 주방 운영부터 서비스, 재고 관리에 이르기까지 모든 부분에서 다른 어떤 업종보다도 체계적인 시스템을 갖추고 접근해야 한다. 하지만 많은 식당 업주가 생산과 소비가 동시에 이뤄진다는 게 얼마나 큰 도전이며 약점이 되는지 제대로 인식하지 못한다. 많은 식당 업자는 작은 시스템조차 새롭게 만들 엄두를 못 낸다. 그 방법을 모르기도 하거니와 비교 대상을 찾기 어렵기 때문에 필요성조차 느끼지 못한다. 이로 인해 식당 업주는 직원들의 개별 노동력이나 기술에 지나치게 의존하게 되는 것이다. 장기적으로 봤을 때 이런 식당의 운영 방식은 비효율적이고 지속 가능성도 떨어진다. 결국 식당의 성공은 개인의 열정과 노력, 효율적인 시스템 구축이 잘 어우러져야 나올 수 있다.

　식당 산업은 여전히 노동 집약적인 성격을 지닌다. 과거에는 인건비가 상대적으로 낮아 많은 인력을 고용해도 수익이 발생할 수 있었다. 매출을 높이기만 해도 생계를 유지하는 데 큰 문제가 없었다. 그러나 이제 그런 시절은 지났다. 시대가 변했음에도 불구하고, 대다수의 식당은 20년 전과 별반 다르지 않은 운영 방식을 고수한다. 현재 인건비가 지속적으로 상승하는 반면, 직원들은 힘든 일을 기피한다.

　비용을 대폭 줄이거나 매출을 증가시켜 수익을 내려는 것은 현실적으로 어려운 일이다. 단순히 매출을 증가시킨다고 해서 수익성이 보장되는 시대가 아니기 때문이다. 매출을 무리하게 올렸다가 오히려 세금 부담이 커질 위험도 있다. 수익성을 높이기 위해 보이지 않는 비용을 줄이고, 그 과정에서 최대한의 효율을 추구하는 게 중요하다. 이를 위해 상품의 생산 과정을 단순화하고, 제공 과정을 최소화해야 한다. 포스(POS)나 키오스크(KIOSK)와 같은 고객 응대 서비스는 점진적인 프로세스 개선으로 발전했지만, 식당의 주방은 여전히 과거의 모습을 크게 벗어나지 못하는 중이다. 이러한 시스템 개발을 기다리기만 한다면, 결국 사업을 접을 수도 있다. 따라서 변화하는 시대의 흐름에 맞춰 적극적으로 대응하고 나아가야 한다.

식당 주방 설계 기준

식당 주방을 설계할 때 무엇을 기준으로 두어야 할까? 업종이 다른데 무작정 잘되는 식당을 따라 할 수도 없고, 내가 운영하는 매장의 상황을 고려하지 않은 채 다른 식당의 좋은 요소들만 차용해 설계할 수 없는 일이다. 식당을 설계할 때 다음의 요소들을 기준으로 삼도록 하자. 이 기준들이 내 식당에서 충족되는지 안 되는지를 살펴보면서 구조의 틀을 세워 나가야 한다.

식당 설계의 첫 번째 순서는 주방 설계

식당 주방 설계에서 가장 중요한 것을 꼽으라면 나는 상품 생산력에 큰 영향을 미치는 동선의 폭을 선택할 것이다. 이 폭을 결정하기 위해 주방 기구가 어떻게 사용되는지, 그 크기가 얼마나 되는지, 프로세스는 어떠한지를 먼저 결정해야 한다. 그 후에 주방의 가벽이나 기구의 위치가 정해지며, 마지막으로 홀 서비스를 위한 공간이 결정된다. 홀을 먼저 설계하게 되면 주방 동선이 좁아져 직원들이 힘들어하거나, 반대로 주방이 넓어져서 불필요한 동작이 생길 수 있다. 구미의 한 텐동집은 어려운 상권에서 6년간 줄 서서 먹는 대박집을 운영했지만, 보이는 것에 비해 매출은 그리 높지 않았다. 결국 주방 컨설팅을 의뢰받아 확인해 보니 주방이 좁아서 매출이 적은 것이 아니라 주방이 불필요하게 넓은 데 반해 좌석 수가 모자라 더 큰 매출을 낼 수 없었다.

식기의 흐름

주방의 동선은 식기의 흐름에 따라 결정된다. 배식에서 시작해 퇴식으로 이어지고, 다시 배식으로 돌아가는 식기의 순환 과정을 따라 주방을 설계해야 한다. 이는 사고를 줄일 수 있고 매출이 건전하게 유지되는 효과를 낳는다. 광명의 한 순두부집은 퇴식 후 식기를 가져가는 동선을 주방을 가로질러 가도록 설계하는 바람에 서빙 직원과 조리자가 수없이 부딪히는 사고가 나곤 했다. 그로 인해 화상 사고도 빈번히 발생했다고 한다.

배달과 포장 공간

지금은 배달과 포장 서비스의 중요성을 간과할 수 없다. 많은 매장이 이러한 서비스 없이 매출을 유지하기 어려워졌다. 따라서 포장 용기나 포장 세팅 라인을 고려하여 설계하는 것이 중요하다. 이를 통해 매장은 배달과 포장 수요에 효율적으로 대응할 수 있다.

환기 시스템

식당은 음식을 조리하는 곳이기 때문에 적절한 환기가 필수다. 환기가 제대로 이루어지지 않으면 직원과 손님 모두가 식당 내부의 공기질로 인해 불편을 느끼고 오래 머무르기 어렵다. 초보 창업자에게는 환기 시스템의 중요성이 크게 다가오지 않을 수 있지만, 장기적으로 보았을 때 환기는 식당 운영에서 큰 문제다.

퇴식

식당 운영에서 배식보다 더 중요한 것이 퇴식이라고 생각한다. 단순히 사용한 식기를 세척기 쪽으로 옮기는 것으로 생각할 수도 있지만, 원활한 퇴식이 이루어지지 않으면 배식 자체가 중단될 위험이 있다. 따라서 주방을 설계할 때 배식보다 퇴식을 우선으로 고려하는 것이 전체적인 작업 흐름을 더욱 매끄럽게 만들어 줄 수 있다.

우선순위 결정

주방을 설계하다 보면 업주는 다소 불편한 부분을 토로한다. 하지만 모든 것을 만족시키는 설계는 없다. 중요한 것은 어떤 것이 가장 효율적이냐는 것이다. 주방을 설계하는 과정에서 다양한 불편 사항이 발생할 수 있다. 하지만 기억하자. 우리의 목표는 최적의 설계로 불편함을 줄이는 데 있지, 불편함을 완벽하게 없애는 데 있는 것이 아니다. 가장 자주 하는 작업을 우선순위로 하고 이를 편리하게 수행할 수 있도록 설계하는 것이 바람직하다. 반면 하루에 한두 번 정도 하는 작업은 다소 불편하더라도 감수해야 한다. 이렇게 우선순위를 정함으로써 전반적인 작업 효율성과 편의성을 극대화할 수 있다.

좌석 배치와 회전율

회전율이 낮은 술집의 경우 가능한 한 많은 좌석을 확보해야 한다. 하지만 회전율이 높아야 하는 작은 면적의 식당에서는 좌석 수보다 테이블 회전율을 우선으로 고려하여 설계한다. 더 많은 좌석을 추가하고 싶은 유혹이 있지만, 무리한 좌석 배치는 오히려 작업 동선을 방해하여 좌석 회전율을 떨어뜨린다. 좌석 배치와 회전율 사이에서 균형을 찾아야 한다.

언제나 위생이 최우선

위생은 매출과 별개로 식당 운영의 기본이자 필수적인 요소다. 설계가 부적절할 경우, 주방 장비나 벽 사이, 심지어 콘센트 선 사이에 음식물이나 이물질이 끼어 청결을 유지하기 어려울 수 있다. 따라서 청소가 용이하도록 주방을 설계해야 한다. 주방 공간이 제한적이기 때문에 체계적인 관리 없이 깔끔한 주방을 기대하기란 매우 어렵다. 청결한 환경은 식당의 신뢰도를 높이고 고객의 만족도를 향상시키는 데 기여한다.

블랙존

대부분의 주방은 사각형 구조를 지닌다. 앞서 설명했듯 사각형의 모든 면에 장비나 기구를 배치하려고 할 때 효율성이 떨어지는 공간, 즉 블랙존이 생기기 쉽다. 컨설팅을 진행한 식당의 80%는 블랙존에 어처구니없는 주방 집기들을 배치하였다. 블랙존에 장비를 잘못 배치하면 공간 활용 측면에서 효율성이 확 떨어진다. 따라서 블랙존에 효율적인 주방 집기를 배치하기 위해 가장 적합한 장비를 설치해야 한다. 예를 들어 식기세척기 같이 상하 동작만 할 수 있는 것을 우선으로 배치하여 설계한다. 이렇게 주방의 모든 공간을 최대한 활용해야 작업의 효율성을 높일 수 있다.

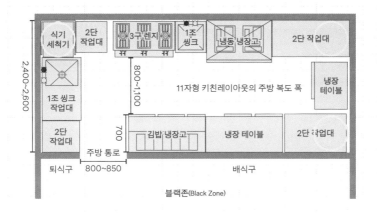

효율적인 주방 설계 순서

자, 이제 주방 설계의 기준을 정했다면 차근차근 설계에 들어가 보자. 지금부터 소개하는 주방 설계 순서는 실제로 컨설팅할 때 쓰는 것이다. 수많은 성공 사례로 입증된 방식이기 때문에 믿고 따라와도 좋다.

① 콘셉트 정하기

주방 설계는 콘셉트를 기반으로 시작된다. 콘셉트에 따라 모든 것이 달라지기 때문이다. 콘셉트를 정하지 않고 메뉴만 정한 뒤 주방 설계를 했다가 메뉴를 추가하면서 프로세스를 망치는 사례가 많다. 조리 프로세스, 식기 배치, 메뉴의 다양성, 반찬 종류 등이 모두 콘셉트를 기준으로 결정된다. 서비스 형태에 따라 테이블의 크기나 간격도 달라질 수 있다. 예를 들어 한정식집의 경우 찬을 다양하게 제공해야 하며, 각각의 찬을 식기에 옮기는 작업이 많아 손님의 체류 시간이 길어진다. 이는 곧 다양한 조리 방법을 필요로 하며, 이로 인해 넓고 편안한 주방 공간이 요구된다. 한 메뉴를 주로 판매하는 식당처럼 설계하면 배식과 퇴식 과정에서 문제가 발생할 가능성이 있다.

② 메뉴 결정

콘셉트가 결정되면, 해당 콘셉트에 적합한 메뉴를 선정한다. 메뉴가 결정되면 필요한 식재료, 전처리 과정, 그리고 조리 방법까지 모두 정해진다. 메뉴의 선택은 주방의 작업 흐름과 공간 활용 방법에 직접적인 영향을 미친다. 매장을 얻기 전에 메뉴를 결정하면 좋지만 최소한 주방 시공 전까지 메인 메뉴를 확실하게 정해야, 추후에 메뉴가 추가되더라도 프로세스에 큰 영향을 주지 않는다.

③ 식기와 조리법 정하기

가스로 조리하는 1인 솥 밥 메뉴가 있는 식당에서는 대부분 가스 솥 밥을 한다. 하지만 요즘은 1인 인덕션 솥 밥이 대세이다. 열기가 덜한 인덕션 솥 밥은 홀에서 조리하기 좋기 때문이다. 이처럼 선택한 메뉴에 따라 사용할 식기와 조리법을 결정한다. 식기의 크기와 무게로 배식과 퇴식의 방법이 달라질 수 있으며, 이는 곧 서빙 카트나 로봇과 같은 도구 사용을 결정짓는다. 식기 보관 위치와 공간 활용도 중요한 고려 사항이 된다.

④ 업장 환경 점검

광명에서 한식 백반을 하려던 한 업주가 식당 계약 한 달 후 계약을 파기해 계약금을 손해 본 경우가 있었다. 주방 천장이 너무 낮아 도저히 제대로 된 후드 설치를 할 수 없었기 때문이었다. 또 서대문구의 한 숯불 고기 백반집은 주변 거주자들의 민원으로 식당 운영에 몇 년간 애를 먹은 적이 있다. 고기 굽는 연기 때문에 못 살겠다며 주민들이 구청에 지속적으로 민원을 넣었기 때문이다.

식당을 계약하기 전 식당의 내·외부 환경을 면밀하게 점검하는 것은 필수다. 업장의 환경이 복잡할수록 주방도 복잡해질 수 있으며, 반대로 환경이 도움이 되는 경우 보관과 조리 과정을 간소화할 수 있다. 천장의 높이, 창고의 위치, 계단, 창문의 수, 기둥의 위치, 층간 바닥 두께, 출입문의 위치 등 모든 요소를 고려해야 한다. 또 배식과 퇴식의 흐름, 환기구 라인, 가스, 전기, 수도, 상하수도 시설 등도 꼼꼼히 점검하는 것이 중요하다.

⑤ 주방 위치와 면적 결정

손님이 입장하는 곳에 주방을 배치하기도 하지만 주 출입구를 피해 주방을 안쪽에 배치하는 것이 통상적이다. 하지만 이것도 손님의 유입과 건물의 입지에 따라 다르다.

주방의 위치와 면적은 매우 중요한 요소다. 고정된 위치와 크기를 사용하는 것이 일반적이지만, 때로는 위치와 크기를 변경함으로써 큰 성공을 거둘 수도 있다. 배식과 퇴식의 흐름을 고려하여 주방의 위치를 결정하고, 하수 배관과 같은 기술적인 요소도 고려해야 한다.

⑥ 주방 기구 선택

주방 집기를 구매한 뒤 사이즈나 용도에 맞지 않아 반품하는 경우가 많다. 하지만 그 책임 소재가 업주에게 있다면 불필요한 지출을 하는 셈이 된다. 그 비용도 적은 비용은 아니다. 이 때문에 주방의 위치가 결정되면, 해당 공간에 맞는 주방 기구와 장비를 선정해야 한다. 작업자의 움직임을 고려하여 효율적이고 안전한 작업 공간을 설계한다. 통로의 넓이, 장비의 배치 등을 시뮬레이션하여 최적의 설계를 도출하고, 필요한 경우 설계 변경을 최소화한다.

⑦ 상하수도, 전원, 후드 위치 결정
연신내에서 삼겹살집을 얻은 젊은 업주는 업장에 제대로 된 하수구가 없다는 것을 인테리어를 하던 중에 알게 되었다. 결국 임대인에게 강력하게 요구하여 큰 공사비를 들여 메인 하수도를 만들었다. 물이 잘 빠지는 하수구는 식당에서 핵심이 될 만큼 중요하다. 주방 장비와 기구의 배치가 완료되면 상하수도, 전기 전원, 그리고 후드의 위치를 최종적으로 결정한다. 한 번 결정된 위치는 수정하기 어려우므로, 이러한 설치물들을 배치할 때 신중한 점검과 계획이 필요하다.

주방 면적
앞서 이야기했지만 주방의 면적을 결정하는 것은 매출에 지대한 영향을 미친다. 우리 식당이 대박 식당이 되기 위해 주어진 공간 내에서 어떤 비율로 주방과 홀의 면적을 정해야 할까? 보통 음식점의 주방 크기를 계산하는 데에 몇 가지 요인을 고려한다. 해당 음식점의 운영 규모, 종류, 메뉴, 예상 고객 수 등에 따라 다를 수 있다. 하지만 보통 다음과 같은 단계를 따른다.

① 메뉴 및 요리 방식 분석
먼저 음식점이 제공하는 메뉴와 요리 방식을 분석한다. 이는 어떤 종류의 장비와 공간이 필요한지를 결정한다.

② 요리 공간 계획
요리 공간은 보통 냉장고, 냉동고, 조리대, 가스, 전자레인지, 오븐, 그릴 등을 포함한다. 각각의 장비에 필요한 공간을 살피고, 물건의 적절한 배치를 고려해야 한다.

③ 작업 흐름 및 편의성 고려
주방 내 작업 흐름을 고려하여 각 작업 영역을 최적화한다. 재료를 저장하는 곳, 조리하는 곳, 음식을 조리하고 제공하는 곳 등을 고려해야 한다.

④ 보안 및 위생
주방 내 보안 및 위생을 유지하기 위해 충분한 공간을 확보해야 한다. 식품 저장 공간, 음식 조리 공간과 청결한 작업 공간을 제공해야 한다.

⑤ 작업 인력 및 운영 인력 고려
주방의 크기는 동시에 일하는 요리사와 조리 인력의 수를 고려하여 결정된다. 인력의 효율적인 이동과 작업을 고려하여 공간을 계획해야 한다.

영업장 크기	주방 면적 (평)	주방 통로 (mm)	작업자 (명)	씽크대 (개)	냉난방	냉장고 양 (L)	고깃집 냉방은 매장 평수×5
10평 이하	3~5	750~800	2	3	30평 냉방기	2,000~3,000	칸막이 또는 룸 수에 따라 변동
30평 이하	4~6	800~900	3	4	60평 냉방기	2,500~3,500	
50평 이하	5~8	900~1,000	4	5	100평 냉방기	3,000~4,000	
100평 이하	20~25	1,000~1,200	7	6	200평 냉방기	8,000~10,000	

[표 1] 영업장 크기에 따른 작전 기준

⑥ 규정 및 규제 준수

음식점의 주방 크기는 해당 규정과 규제에 부합해야 한다. 즉 건강 및 안전 규정, 소방 규정 등을 준수해야 한다. 점포 면적에 어느 정도의 주방 면적이 필요한지 정해진 사항은 없지만 미국, 일본 등 선진국에서 패밀리 레스토랑은 45~50%, 주점과 바는 18~25%, 커피숍은 15~18%, 패스트푸드는 20~25% 정도로 기준을 채택한다. 우리나라에서는 업종에 따라 차이는 있으나 대략 25~35%를 차지하는 실정이다. 주방 크기를 계산한 자료들도 있지만, 지금까지 수백 개의 주방을 설계하고 만들어 보니 그 수치는 일반적인 것에 불과하다. 절대 그 수치를 믿어서 안 된다. 예를 들어 10평 식당에서 일반적인 주방 크기인 2평 주방을 만든다면, 주방이 너무 좁아져서 음식을 만들기 힘들다. 평수가 작을수록 비율은 높아져서 15평 이하는 30~50% 정도가 적절한 사이즈다. 평수가 넓어질수록 주방 비율은 급격히 내려가게 된다. 그래서 주방을 정할 때 일반적으로 알려진 기준으로 만들어서는 안 된다. 내가 기존의 수많은 사례를 바탕으로 그 비율을

[표1]로 정리해 보았다. 이대로만 설계하면 큰 문제 없이 최대 효율을 낼 수 있다.

식당 메뉴별 주방 설계 및 시공 가이드

주로 사용하는 조리 도구와 집기를 기준으로 보면 메뉴에 따라 적합한 주방 설계와 시공 방식이 달라진다. 다음은 특정한 메뉴를 앞세우는 대표적인 식당 유형에 따라 정리한 주방 설계 및 시공 시 주의해야 할 점이다.

한식당

- 여러 반찬을 다루기 때문에 다양한 조리 도구와 작업 공간 설계가 필요하다.
- 종류별 반찬을 보관하기 위해 충분한 용량의 냉장고와 냉동고를 확보한다.
- 식기가 많이 사용되므로 좌석 수에 따라 식기세척기의 크기와 대수를 결정한다. 4인 테이블 20개 기준으로 기본 식기세척기 1대를 사용하며, 좌석 수가 더 많을 경우 콘베이어 식기세척기 1대나 일반 식기세척기 2대를 설치한다.
- 퇴식과 배식의 동선을 명확히 구분한다. 피크 타임에는 배식과 퇴식이 겹쳐 혼잡한 상황이 발생하기 쉬우므로 이를 방지할 수 있는 설계가 필요하다.
- 반찬을 자주 손질하고 조리해야 하기 때문에 전용 작업대와 싱크대를 별도로 마련한다.

국밥집

- 국밥은 뜨거운 음식의 온도를 유지하는 것이 중요하므로, 배식 속도가 빠른 설계가 필요하다.
- 뜨거운 음식을 안전하게 배식할 수 있도록 일반 홀 통로(800~1,000mm)보다 넓은 통로를 확보하며, 배식 카트를 사용하는 것이 효율적이다.
- 육수를 직접 만드는 경우, 재료 손질과 빠른 냉각이 가능하도록 전용 공간과 집기를 마련한다.
- 쾌적한 환경과 안전한 조리를 위해 단계 조절이 용이한 인덕션 회전 국 솥을 사용하는 것을 권장한다.
- 대량의 국을 조리할 경우, 일반 솥보다 국물을 쉽게 쏟아 낼 수 있는 회전 국 솥을 사용하는 것이 효율적이다.

고깃집

- 반찬 종류가 많으므로 배식과 퇴식이 효율적으로 이루어질 수 있는 설계가 필요하다.
- 석쇠의 배치, 퇴식, 착화 방식, 착화실 상태 등을 고려해 주방을 설계한다.
- 기름때로 인한 배수 문제와 유증으로 인한 환기 문제를 해결하기 위해 배수와 공조 시설을 강화한다.
- 셀프바를 운영하는 경우, 일반 식당보다 넓은 통로를 확보해 손님들의 이동을 원활하게 한다.
- 고기 숙성을 위한 숙성고의 용량과 위치를 충분히 고려해 설계한다.

돈까스 전문점

- 돈까스 단일 메뉴의 경우, 고기를 보관하기 위한 숙성고의 용량을 살펴 적절히 설계한다.
- 대부분 오픈 주방으로 설계되므로 손님이 주방 내부를 볼 수 있다는 점을 고려해 위생과 정리를 철저히 관리해야 한다.
- 전문적이고 디테일한 스킬이 필요한 우동이나 소바와 같은 면류를 추가 판매할 경우 다양한 조리 도구를 구비하고, 더욱 정밀한 주방 설계가 필요하다.
- 튀김기를 주로 사용하므로 충분한 전기 출력을 가진 가스나 전기 튀김기를 설치한다. 환경과 안전을 위해 인덕션 튀김기를 추천한다.
- 튀김 메뉴에 사용하는 기름을 효율적으로 사용하기 위해 기름 정제기를 반드시 구비한다.

중식당

- 중식은 주로 불 앞에서 조리한 뒤 뒤돌아 음식을 그릇에 담아 배식하기 때문에 800~1,000mm 폭의 통로 설계가 필요하다.
- 기름 사용량이 많아 배수 시설에 신경 써야 하며, 바닥 전체에 트렌치를 설치하고 반드시 그리스 트랩을 설치한다.
- 조리 중 유증이 많이 발생하므로 강력한 공조 설비를 설치하고, 후드는 세척이 용이한 제품을 사용한다.
- 바닥의 트렌치와 타일 경계 부분은 꼼꼼히 시공해 배수 문제를 방지한다.

주점

- 주점은 조리가 간편한 냉동 완제품을 주로 사용하므로 용량이 충분한 냉동고를 준비한다.

- 다양한 조리 도구를 사용하기 때문에 효율적인 수납공간을 확보해야 한다.
- 잔의 사용량이 많으므로 테이블이 20개 이상일 경우, 별도의 컵 세척기를 설치한다.
- 가스보다 세밀한 온도 조절이 가능한 전기 조리 도구를 사용하는 것이 안전하다.
- 술병 처리를 쉽게 하기 위해 무거운 술 상자를 보관할 수 있는 별도의 저장고와 수납공간을 마련한다.

일식당
- 주로 생 음식을 다루기 때문에 위생 관리가 철저히 이루어질 수 있는 설계가 필요하다.
- 보통 오픈 주방 형태가 많아서 청소와 정리가 용이한 구조를 만들어야 한다.
- 주방 온도를 낮게 유지할 수 있도록 에어컨을 설치해 생선 등 식재료의 신선도를 유지한다.
- 다양한 메뉴와 식재료를 다루기 때문에 일반적인 주방보다 넓은 주방 공간을 확보한다.

분식점
- 빠른 조리와 식사를 위해 조리 동선을 단순화하고, 원활한 식재료 회전이 가능하도록 설계를 적용한다.
- 매장이 협소한 경우가 많으므로 인덕션과 같은 전기 조리 도구를 사용하는 것이 효율적이다.
- 조리 과정이 단순한 만큼, 동선을 효율적으로 구성해 빠른 업무 처리가 가능하도록 한다.

면 요리 전문점

· 제면을 하는 경우, 습도 조절이 중요하므로 주방과 제면실을 분리·설계한다.

· 물 사용량이 많으므로 수압을 사전에 점검해 적합한 설비를 구축한다.

· 다양한 면 조리 도구가 필요하므로 새로운 장비를 도입해 인건비를 절감하는 방안을 고려한다.

· 전문 장비를 사용하는 것이 중요하며, 품질이 떨어지는 장비(특히 저가 중국산 제품)는 가급적 사용을 피한다.

식당의 메뉴와 특성에 따라 주방 설계와 시공 방식은 달라져야 한다. 각 메뉴가 요구하는 조리 과정과 장비 특성을 고려한 설계는 조리 효율성과 안전성을 높이고, 원활한 운영을 돕는다. 위 내용을 참고해 각 메뉴에 맞는 최적의 주방 환경을 구축할 수 있도록 해야 한다.

효율적인 주방 설계 방법

주방의 콘셉트를 정하고 공간의 계획을 세웠다면, 이제 본격적으로 주방 세팅을 할 차례다. 주방의 배열 스타일을 정하고 섬세한 공간 설계에 들어가 보자.

주방 통로

작은 식당 주방에서 작업자와 작업자의 등이 살짝 닿은 채로 섰을 때 최소 폭이 650mm 정도다. 작업자는 계속 움직여야 하기 때문에 통로 폭

후쿠오카의 유명한 우동집이다.
50년이 넘은 식당으로, 주방의 폭은 600mm 남짓한 좁고 불편한 동선일 것이다.

이 보통 800~1,100mm는 되어야 한다. 주방 폭이 1,200mm가 넘어가는 것은 피해야 한다. 그 이유는 주방 집기의 반대편으로 돌아갈 때 반보 더 움직이게 된다. 좁은 주방에서는 적절한 폭과 공간이 필요하다. 이는 무조건 넓은 공간이 필요하다는 뜻이 아니다.

병렬식 주방

병렬식 주방으로 설계할 경우, 주방 폭은 최소 2,400~2,600mm가 적절하다. 주방 집기의 일반적인 폭이 600~750mm인데 주방 양 벽면에 기구가 들어가면 주방 중앙의 통로 폭은 800~1,000mm 정도 되어야 한다. 주방 폭이 최소 800mm는 되어야 작업자의 피로도가 덜

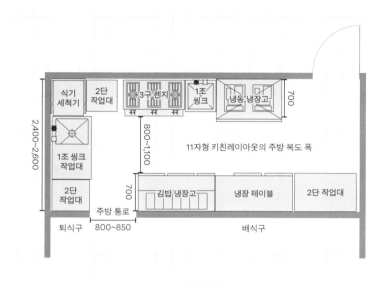

식기
세척기

2단
작업대

3구 렌지

1조
씽크

냉동.냉장고

700

2,400~2,600

1조 씽크
작업대

2단
작업대

800~1,100

11자형 키친레이아웃의 주방 복도 폭

700

김밥 냉장고

냉장 테이블

2단 작업대

주방 통로

퇴식구

800~850

배식구

병렬식 주방

하다. 폭이 이보다 좁아지면 안 되는 것은 아니지만 좁아지면 좁아질
수록 피로도와 노동 강도는 높아지고 생산 속도는 떨어진다.

고양시에 주방 폭이 100mm 정도가 부족했던 식당이 있었다. 이
식당은 비용이 부족해 주방 공간을 늘리기 어려웠는데, 결국 주방 집
기를 약 100mm 줄여서 주문해 충분한 주방 복도를 확보해 준 적이
있다. 그렇게 해서라도 주방의 폭을 효율적으로 확보하는 것이 중요
하다.

아일랜드형 주방

매장 평수가 약 20~30평 정도가 넘어가면 이 주방 형태가 적절하다.
병렬식 주방보다 좀 더 대량 생산이 가능한 구조이다. 분업이 가능하

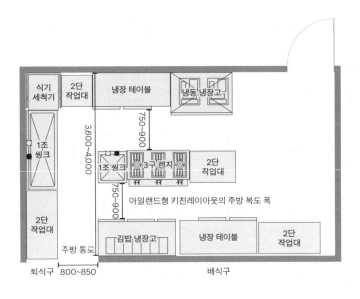

아일랜드형 키친레이아웃의 주방 복도 폭

고 뒤쪽 작업 공간과 앞쪽 작업 공간으로 나뉜다. 복도 폭은 사용 횟수에 따라 다소 다르게 설계하기도 하는데, 일반적으로 홀과 가까운 앞쪽 통로를 더 넓게 설계한다.

통로가 2개이기 때문에 주방의 최소 폭은 3,500~3,600mm 이상이어야 한다.

단순하고 실용적인 장비

주방이 좁을수록 더 효율적이어야만 테이블 회전율을 높일 수 있다. 테이블 회전율을 높이기 위해 주방의 조리 과정이 간단하고 속도감 있어야 한다. 그렇다고 직원들을 서두르게 하거나 스킬이 좋은 기술자를 채용하는 것은 비효율적이다. 주방이 작을수록 용도에 맞는 단순하고 튼튼한 장비를 사용하는 것이 장기적으로 봤을 때 유리하다.

배식구

어떠한 형태든 배식구는 반드시 있어야 한다. 배식구의 모양에 따라 수납공간이 결정되기도 한다. 배식구가 너무 높고 넓으면 그만큼 작은 식당은 주방 내부의 수납공간이 줄어든다. 배식구에는 많은 식기가 필요하기 때문에 배식구를 어떻게 만드느냐에 따라 영업의 효율성도 결정된다.

퇴식구

식기가 부족한 식당이라면 재빠르게 세척하여 사용해야 하지만 식기가 충분하다면, 바쁜 시간대에 퇴식이 완료된 식기들을 굳이 주방에서 바로바로 세척할 이유가 없다. 이 때문에 퇴식구는 식기를 적치할 공간으로써 필요하다. 상계동에 있는 중식집은 퇴식 라인과 배식 라인을 한곳에 두었는데, 이는 바쁜 시간대마다 주방의 혼란을 가져왔다. 어떻게든 퇴식과 배식 라인을 분리해야 했는데, 고민 끝에 퇴식구를 반대쪽으로 옮기면서 주방의 흐름이 눈에 띄게 좋아졌다.

효율적인 홀 설계 방법

한번은 주방 설계를 끝내고 마지막으로 홀에 테이블을 배치했는데, 오픈을 하고 나니 이상하게 영업이 힘든 것이다. 온종일 식당 영업 상황을 살펴보니 홀 복도를 오가는 데 있어 상당한 문제가 있다는 게 발견됐다. 전체 공간을 바꿀 수 없는 일이라 고민 끝에 테이블의 길이를 모두 100mm씩 줄이기로 결정했다. 복도가 200mm 늘어나니 한결 영업이 쉬워졌다.

홀을 설계할 때도 효율이 가장 중요하다. 효율을 높여 주는 결정적인 몇 가지 기준을 살펴보려고 한다.

동선 확인

퇴식과 배식에서 나오는 식기와 작업자의 움직임이 한 방향이어야 한다. 효율적인 홀 설계를 위해 홀에서 사용되는 기본적인 기물들의 사이즈를 기억해야 한다. 기본적인 집기 사이즈를 모르고 설계하게 되면 불필요한 집기가 추가될 수 있다. 그렇게 되면 결국 좌석 수가 줄어들 수밖에 없다.

좌석 수 계산 방법

처음에 좌석 수를 잘못 계산하면 불필요한 테이블과 의자를 주문하게 된다. 부족하면 추가해서 주문하면 되지만 남는다면 골치가 아프다. 이 때문에 주방 크기가 정해질 시 정확한 좌석 수를 계산하는 것은 중요한 일이다.

내가 개발한 좌석 수 계산 방법은 정확성을 보장하지 않지만,

구분	30평 × 쾌적 지수 = 좌석 수
한정식	30 × 1.2 ~ 1.5 = 36 ~ 45
양식	30 × 1.3 ~ 1.5 = 39 ~ 45
일식	30 × 1.2 ~ 1.5 = 36 ~ 45
분식집	30 × 1.5 ~ 1.8 = 45 ~ 54
주점	30 × 1.6 ~ 1.9 = 48 ~ 57
면류	30 × 1.5 ~ 1.8 = 45 ~ 54

실제로 배치해 보면 계산된 좌석 수에서 크게 벗어나지 않는다. 전체 평수에 쾌적 지수를 곱하여 좌석 수를 도출하는데, 쾌적 지수가 1.2~2.0 사이로 설정될 수 있다. 쾌적 지수가 높아질수록 좌석 수는 증가하지만, 이는 동시에 손님들 사이의 밀집도를 높여 매장의 쾌적도를 감소시킨다. 2.0은 주로 스툴과 같은 좁은 의자를 사용하는 매장에, 1.2는 한정식이나 고급 식당처럼 룸을 제공하는 곳에 적합하다. 예를 들어 전체 평수가 30평인 고깃집의 경우, 쾌적 지수를 1.5로 잡아 30평×1.5=45석으로, 40~50석이 적절한 좌석 수라 할 수 있다. 물론 매장의 특정 조건(내부 화장실, 셀프바의 크기, 대기석 등)에 따라 이 수치에는 오차가 발생할 수 있다. 하지만 이러한 계산 방식은 크게 벗어난 적이 없다.

한 테이블의 면적

손님과 손님이 마주 앉는 간격을 잘 모르면 테이블의 면적을 결정하기 어렵고, 그것이 결정되지 않으면 전체 테이블 수를 정할 수 없다. 일반적으로 테이블 크기가 1,200×700mm인 경우 손님과 손님이 마주 앉은 거리는 2,000~2,200mm 정도이다. 한 테이블의 전체 면적은 약 240m², 약 0.72평이다. 하지만 이렇게 계산하고 배치했는데 조금 좁아서 테이블 하나가 부족할 때면 아쉽다. 그런 때에는 테이블 스타일을 바꾸면 된다. 테이블 다리가 코너에서 안으로 들어가면 테이블 간격을 100~200mm 정도 더 줄일 수 있다. 그것이 가능한 건 손님이 테이블을 빠져나올 때 의자를 덜 빼고도 빠져나올 수 있기 때문이다. 예전에 테이블이 4개 들어가야 하는데 약 200mm 부족해 테이블을 3개밖에 놓지 못한 식당이 있었다. 이에 정확한 치수를 재고 테이블 다리를 교체하면서 테이블 1개를 더 넣어 준 적도 있다.

좌석의 크기

식당을 설계할 때 손님들이 마주 보는 좌석의 폭을 제대로 아는 것과 모르는 것은 효율적인 설계에 있어 큰 차이가 있다. 사람의 어깨너비는 일반적으로 600mm 정도이다. 그래서 한 좌석의 크기는 600×900mm 정도이다. 좌석의 폭을 알면 영업장에 얼마나 많은 테이블을 배치할 수 있는지 파악할 수 있다. 만약 한 테이블을 더 넣어 보려다가 100mm 정도 부족하다고 판단하면 한 테이블을 빼야 한다. 이것을 한 달, 일 년으로 손해액을 계산하면 매출 차이가 엄청나게 커질 수 있다.

테이블과 의자

테이블과 의자의 높이는 식사 시 가장 편안함을 느끼는 통상적인 기준을 따르는 게 좋다. 보통 의자와 테이블의 적정 높이 차이는 약 250~300mm이다. 그 기준은 다음과 같다.

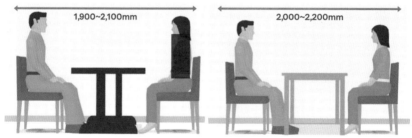

테이블 다리가 중앙에 있을 경우 마주 보는 거리 / 테이블 다리가 모서리에 있을 경우 마주 보는 거리

- 테이블 높이: 720~750mm
- 의자 높이: 420~480mm
- 바 테이블 높이: 850~930mm
- 바 의자 높이: 600~650mm

좌석이 마주 보는 거리

좌석이 마주 보는 거리도 알아 두어야 한다. 이는 어떤 테이블과 의자를 두느냐에 따라 달라질 수 있다. 테이블 사이즈가 1,200×750mm일 경우 좌석의 마주 보는 평균 거리는 2,100mm이다. 아래는 의자와 테이블의 대표적인 종류에 따른 좌석 거리이다.

- 팔걸이가 있는 의자: 2,100~2,300mm
- 등받이가 없는 의자: 1,800~2,000mm
- 중앙 다리 테이블: 1,900~2,100mm
- 모서리 다리 테이블: 2,100~2,300mm
- 좌식 테이블: 1,600~1,800mm

테이블 가로×세로(mm)	테이블 사이즈별 적절한 메뉴	마주 보는 전체 폭(mm)	
1,100×600	커피, 전통차	1,950	
1,100×650	죽, 분식, 김밥, 피자	2,000	
1,100×700	치킨, 호프, 분식, 김밥	2,050	
1,100×750	치킨, 호프, 이자카야	2,100	
1,150×700	치킨, 호프, 이자카야, 탕반류, 국밥, 파스타, 돈까스, 비빔밥, 덮밥, 스테이크, 이자카야, 짬뽕, 냉면, 칼국수	2,050	
1,200×650	탕반류, 국밥, 파스타, 돈까스, 비빔밥, 덮밥, 스테이크, 이자카야, 짬뽕, 냉면, 칼국수	2,000	
1,200×700	해산물, 초밥, 생선구이, 탕반류, 국밥, 파스타, 돈까스, 덮밥, 스테이크, 이자카야, 짬뽕, 냉면, 칼국수, 중식, 뷔페 요리, 추어탕, 두부 요리, 버섯 요리, 보리밥, 족발, 회, 닭도리탕	2,050	*의자 등받이가 없는 경우, 폭 약 200mm 감소 \n *테이블 다리가 중앙이나 안으로 들어간 경우, 폭 약 200mm 감소
1,200×750	고기, 해산물, 초밥집, 아구찜, 쌈밥, 감자탕, 닭갈비, 회, 생선구이, 곱창, 닭도리탕, 한상 차림	2,100	
1,200×800	고기, 쌈밥, 감자탕, 한정식, 조개구이, 닭갈비, 곱창, 한상 차림	2,150	
1,300×800	한정식	2,150	
1,350×800	한정식	2,150	
(원형 지름) 900	고기, 양식	2,250	
(원형 지름) 1,000	고기, 고급 양식, 코스 요리	2,300	

메뉴별 적정 테이블 크기(4인 기준)

그렇다면 우리 식당에는 어떤 테이블을 쓰는 게 좋을까? 아마 식당에 갔을 때 어떤 식당은 밥 먹기가 참 편한데 어떤 식당은 너무 불편하다고 느낀 적이 있을 것이다. 아무리 좋은 테이블과 의자를 두어도 메뉴에 맞지 않다면 불편함을 느낄 수밖에 없다. 위의 표은 내가 컨설팅을 할 때 실제로 사용하는 표이다. 표를 참고해 각 업종별로 테이블을 선택할 수 있도록 하자.

테이블의 종류

테이블은 메뉴 구성에 따라 다른 사이즈로 제작이 가능하다. 테이블 목재의 원판 크기가 2,400mm이기 때문에 테이블의 길이가 1,350mm를 넘거나 폭이 800mm를 넘으면 같은 비용으로 만들 수 없다. 최저 비용으로 일반 테이블을 만들 수 있는 사이즈는 1,350× 800mm이다. 이보다 크게 만들면 가격이 2배가 넘게 된다.

음식점 의자의 종류

의자의 종류는 크게 6가지다. 좌식, 등받이, 스툴, 팔걸이, 회전, 고정 의자다. 홀을 설계할 때 테이블을 먼저 선택해 자리를 잡은 후 앞에서 말한 기준에 따라 가장 적합한 의자를 선택하면 된다.

식당에서 가장 치밀하고 계획적으로 만들어야 하는 것이 주방이지만 처음 식당을 시작하는 업주가 이러한 내용을 숙지하고 완벽하게 주방을 만들 수는 없다. 그러나 내가 지금까지 경험한 많은 실패와 성공 사례를 토대로 쓴 이 데이터들은 큰 사고를 방지하는 데 도움이 된다. 초보 업주들이 착각하는 것 중 하나가 대박 식당에는 엄청난 노하우가 있을 거라는 생각이다. 오래도록 중박 이상을 유지하고 결국 대박으로 가는 식당의 노하우는 모두 기본이 잘 갖춰진 바탕 위에 세워졌다는 사실을 잊지 말자.

2장

식당의 꽃, 인테리어

식당 인테리어의 정답, 콘셉트

한때 잘나가던 쌀국수집을 얻었다. 당시에 그 식당은 돈이 되는 식당처럼 보였다. 하지만 예상과 달리 시간이 흐를수록 장사는 점점 어려워졌다. 처음에는 쌀국수를 만드는 게 의외로 단순하다고 생각했다. 육수를 직접 우려내는 것이 어렵다 보니 대부분 공장에서 나온 소스를 물에 풀어 사용했다. 하지만 그런 조리 방식이 마음에 들지 않았고, 쌀국수의 유행도 이미 지나는 추세였다. 무언가 새로운 바람이 필요했다.

결국 매장 주제를 바꿀 결심을 하고 경양식집으로 전환을 결정했다. 쌀국수집의 인테리어가 경양식집 콘셉트와 어느 정도 맞아떨어진다고 생각했다. 몇 가지 소품 교체와 조명 조정, 그리고 칸막이 설치만으로도 충분히 멋지게 변신할 거라고 생각했다. 하지만 그것은 큰 오산이었다. 매출은 더 줄어들었고 임대료조차 내기 어려웠다. 매달 1,000만 원씩 적자를 보면서 이대로는 오래 가지 못할 거라는 생각이 들었다. 결국 몇 달 운영해 본 뒤 문을 닫았다.

하지만 포기하고 싶지 않았다. 이 식당을 어떻게 살려 볼까 하던 중 우연히 브랜딩 전문가를 만났다. 그의 조언으로 식당을 완전히 새롭게 탈바꿈하기로 결정했다. 새로운 가게는 쭈꾸미와 피자 세트 전문점이었다. 자금이 그리 넉넉하지 않았지만 마지막 희망을 걸었다. 심지어 사채까지 쓰며 식당의 분위기와 메뉴를 완전히 다르게 바꿨다. 위치는 좋았지만 접근성이 떨어지는 문제를 해결하기 위해 외관에 큰 변화를 주어 눈에 띄게 만들었다. 그 결과, 대박이 터졌다. 죽어 가던 식당이 문을 열자마자 사람들로 붐볐다. 손님들은 새롭게 바뀐 인테리어와 콘셉트에 열광했다. 손님들은 그 자리에 원래 어떤 식당이 있었는지 전혀 기억도 못하는 듯했다. 그 정도로 완전히 달라졌기 때문이다. 이 일련의 과정을 겪으며 콘셉트에 맞는 인테리어와 외관이 얼마나 중요한지 새삼 깨달았다. 손님에게 내 식당의 정체성을 알리는 방법으로 가장 빠르고 확실한 방법은 인테리어에 확실한 주제를 드러내는 것이다. 식당을 시작할 때 자금이 가장 많이 드는 부분이 인테리어이긴 하지만, 인테리어는 내 가게의 정체성을 고객에게 전달하는 가장 강력한 수단이기 때문에 절대 대충 넘어갈 수 없다.

삼각지역 근처에 '몽탄'이라는 이름의 고기 짚불 구이집이 있다. 이곳은 오래된 폐성당을 개조하여 만든 독특한 공간인데, 몇 년이 지난 지금까지도 사람들이 줄을 서서 기다려야 할 만큼 명소로 자리 잡았다. 이 식당의 성공 요인은 특별한 메뉴에도 있지만 참신한 인테리어가 큰 역할을 했다. 이러한 차별화된 콘셉트와 인테리어는 오랫동안 고객들의 사랑을 받는 비결이 될 수 있다. 몽탄의 등장은 '우대갈비'라는 메뉴를 전국적으로 유행시키는 계기가 되었다.

인테리어의 주요 목적은 식당이 추구하는 콘셉트에 부합하는, 고객이 공감할 수 있는 식사 공간을 조성하는 것이다. 이제 식당은 단순히 음식을 제공하는 장소를 넘어서, 그 공간에서의 시간을 기억하게 만드는 역할을 한다. 우리가 어떤 식당을 생각할 때 음식뿐만 아니라 그 식당의 분위기와 내부 인테리어가 먼저 떠오르는 것이 이를 증명한다. 예전에는 대부분 식당이 주방 설비와 손님용 의자, 탁자를 갖추는 것으로 인테리어를 마무리했지만 현재 외식업계의 치열한 경쟁 속에서 인테리어는 차별화 전략의 중요한 요소가 되었다.

이번 장에서는 수십 번의 인테리어 경험을 바탕으로 쓴 핵심적인 이야기를 담았다. 인테리어업자들조차 놀랄 정도로 세심한 부분을 다루었으니 끝까지 집중해 주기를 바란다.

식당 인테리어는 정체성의 표현이다

인테리어는 식사 공간을 넘어 브랜드의 정체성을 표현하고, 소비자의 경험을 향상시키며, 공간의 기능성을 강화하는 중요한 역할을 한다.

① 브랜드 정체성의 표현
인테리어는 색상, 재료, 레이아웃 등이 모두 브랜드의 이미지와 메시지를 강화하는 데 의미가 있다. 이는 음식점의 브랜드 정체성을 소비자에게 전달하는 데 중요한 역할을 한다.

원탁과 높은 천창. 클래식한 분위기가 특징인 홍콩의 한 주점이다.
낮에는 주로 식사와 음료를 판매하고 저녁에는 술과 안주, 식사를 모두 판매한다.

② 소비자 경험 향상

인테리어는 방문객에게 감성적인 반응을 이끌어 내고 기억에 남는 경험을 제공함으로써 고객의 만족도를 높이고 재방문을 유도한다.

③ 공간의 기능성 강화

잘 설계된 인테리어는 작업 효율을 증가시키고 서비스의 흐름을 개선하며, 고객과 직원 모두의 편안할 수 있도록 조성한다.

④ 환경적 지속 가능성

현대 음식점은 친환경적인 인테리어 소재와 에너지 효율적인 디자인으로 환경 보호에 기여하고 고객에게 긍정적인 이미지를 전달한다.

인테리어는 단순히 공간을 꾸미는 것을 넘어 다양한 역할을 수행하며 음식점의 성공에 크게 관여한다. 콘셉트에 부합하는 인테리어에 큰 관심을 보이는 손님이 많기 때문에 인테리어는 식당의 성공 가능성을 크게 높여 주는 요소로 작용한다. 따라서 제공하는 상품의 가치에 맞는 인테리어를 구현하는 것이 중요하다. 이러한 접근은 단순히 음식의 맛뿐만 아니라 고객에게 제공하는 전체적인 경험의 질을 높이는 데 기여한다.

타깃 고객에 맞는 명확한 콘셉트 없이 단지 겉모습만 멋지게 꾸미는 것에 집중한다면, 당신의 식당이 제공하는 가치와 특성을 손님들이 쉽게 기억하기 어렵다. 예를 들어 고깃집을 운영하면서 일본식 스시집의 인테리어 요소들을 멋있다고 무작정 도입했다고 치자. 이는 분명히 색다른 시도로 볼 수 있으나, 그러한 색다름을 메뉴와 조화롭게 맞추기 위해서는 훨씬 더 강력한 전략이 필요하다.

초보 창업자가 인테리어 콘셉트를 정할 때 도움을 얻을 수 있는 가장 좋은 방법은 자신이 판매하고자 하는 음식을 팔아 장사가 잘되는 식당을 직접 방문해 보는 것이다. 이때 한두 곳만 방문해서는 충분하지 않다. 여러 곳을 방문해 다양한 아이디어와 영감을 얻는 것이 중요하다.

예전에 함께 일했던 후배가 지방에서 식당을 시작했다고 해서 방문한 적이 있다. 죽을 팔던 식당을 인수했는데, 영업을 오래 하지 않아 인테리어가 아직 깨끗했다고 한다. 이에 크게 손댈 필요 없이 그대로 초밥집으로 전환해 영업을 시작했지만 매출은 기대에 못 미쳤고, 결국 오래 가지 못하고 문을 닫았다. 기존의 인테리어가 깨끗하고 좋다고 해서 그대로 사용하다가 정작 내가 팔고자 하는 상품을 확실히 인지시키지 못해 손님을 설득하는 데 실패할 수 있다는 것을 이 사례로 알 수 있다.

식당 인테리어 과정에서 직면하게 되는 의문들

인테리어는 마치 집을 짓는 것과 같은 복잡한 프로젝트이다. 좋은 위치를 선정하고 도면을 그리며 적합한 자재를 선택해 다양한 전문가와 협업하여 치밀한 계획을 세워야 한다. 일단 인테리어 공사가 시작되면, 특히 주방은 수정하기가 어렵다. 수정 작업이 불가능한 것은 아니지만 변동 사항을 적용하려면 복잡한 공정과 많은 시간 그리고 상당한 비용이 발생한다. 또 잘못된 부분을 수정하려면 영업을 일시 중단해야 하므로 이는 사업주에게 큰 부담이 된다. 상가 인테리어는 아파트나 주택 인테리어와 달리 더 다양한 환경적 요소를 고려해야 하며, 이로 인해 예상치 못한 변수가 많이 발생한다. 그렇기 때문에 경험이 부족한 사람은 인테리어 과정에서 쉽게 낭패를 볼 수 있다.

인테리어를 위해 신중하고 촘촘한 계획과 충분한 시장 조사, 전문가의 조언으로 고객의 기억에 남을 수 있는 독특하고 매력적인 공간을 창출해야 한다.

식당에서 인테리어에 많은 비용이 들어가는 이유는 기존 시설을 철거하고 새로운 콘셉트로 시공하는 과정이 매우 복잡하고 시간이 많이 소요되기 때문이다. 식당의 인테리어는 손님이 이 식당을 선택하는 데 있어 메뉴 다음으로 중요한 결정 요인이 된다. 예를 들어 바다 콘셉트의 식당에서 고기를 판매하거나, 중식을 제공하는 식당이 한식집 느낌의 인테리어를 한다면, 이는 손님에게 혼란을 줄 수 있다.

인테리어는 단순히 전기 기술자나 철물점 사장님을 불러 수도와 전구를 설치하는 등의 일보다 훨씬 복잡하다. 특히 상가 인테리어는 경험이 많은 인테리어 업체를 선택하지 않으면 예상치 못한 문제에 직면할 수 있다. 인테리어 업체 선택의 어려움, 높은 비용, 직접 시공을 시도할 경우의 난관 등은 창업자가 인테리어 과정에서 직면할 수 있는 주요 문제 중 일부이다.

또 구조적인 문제로 인테리어가 예상보다 훨씬 복잡해질 수 있다. 낮은 수압, 오래된 건물의 작은 하수구 배관, 부족한 전기 용량 등은 식당 운영에 큰 영향을 미칠 수 있으며, 때로 인테리어 계획을 전면 변경해야 할 수도 있다. 식당을 시작하는 사장의 머릿속에 인테리어 시작 전부터 다음과 같은 문제에 직면한다.

최소한의 비용으로 인테리어를 할 수 있는 방법은 없을까?

인테리어를 두고 접근 방식을 고려할 때, 비용과 효율성의 균형을 맞추는 것은 식당 창업 과정에서 중요한 과제 중 하나이다. 최소한의 비용으로 인테리어를 시도하는 것은 매력적으로 보일 수 있으나, 실제로 시장 평균 비용을 고려하여 현실적인 예산 안에서 계획을 세워야 한다. 예상치 못한 문제로 비용이 초과될 가능성이 높으며, 이는 프로젝트 전반에 걸쳐 어려움을 초래할 수 있다.

서울의 한 카페는 창의적인 솔루션으로 예산을 절감하며 독특한 분위기를 창출한 성공적인 사례. 이 카페는 중고 가구와 DIY 소품을 활용하여 지역 커뮤니티 내에서 '최고의 가성비 휴식처'로 인식되

미국의 트럼프 대통령이 다녀갔다는 긴자의 고급 대판 야끼 전문점 '우카이테이'이다. 음식의 퀄리티와 식기, 기물, 인테리어 등이 고급스러운 식당으로 널리 알려졌다. 음식의 질보다 더 중요한 것은 물리적인 환경이다.

며 초기 비용을 크게 절감하는 데 성공했다. 그러나 이러한 접근 방식이 모든 창업자에게 적용 가능한 것은 아니다. 이 카페의 성공 사례는 사장이 뛰어난 감각을 가졌기 때문에 가능한 일이다. 대부분의 경우 적정 수준의 비용을 투자하여 손님을 설득할 수 있는 수준의 인테리어를 완성한다. 이 점을 염두하고 인테리어 계획을 세울 때 다음과 같은 조언을 고려할 수 있다.

① 예산 설정
시장 조사로 현실적인 인테리어 비용을 파악하고, 이를 바탕으로 총예산을 설정한다.

② 우선순위 결정

인테리어의 모든 측면에 동일한 예산을 분배하기보다, 가장 중요한 요소에 더 많은 예산을 할당하는 것이 효과적일 수 있다.

③ 비용 절감 아이디어

중고 가구 사용, DIY 프로젝트 등 비용을 절감할 수 있는 창의적인 방법을 모색하되, 전체적인 콘셉트와 분위기를 해치지 않는 선에서 계획한다.

④ 전문가 상담

예산 내에서 최대한의 효과를 내기 위해 인테리어 디자이너나 컨설턴트의 조언을 구하는 것도 고려해 볼 수 있다.

적정 수준의 비용을 들여야만 손님을 설득할 수 있는 수준의 인테리어를 완성할 수 있다. 따라서 예산 관리와 창의적인 접근 방식 사이에서 균형을 찾는 것이 성공적인 식당 인테리어를 위한 핵심이다.

내가 원하는 콘셉트에 맞춰 줄 업체를 찾을 수 있을까?

원하는 콘셉트에 맞춰서 시공해 줄 인테리어 업체를 찾는 것도 큰 과제이다. 대부분의 업체가 요구하는 콘셉트대로 실현해 줄 수 있지만, 콘셉트에 따라 비용이 크게 달라질 수 있다. 경험이 부족한 업주는 인테리어 업체가 제안하는 콘셉트에 조금 더 주목하고, 현실적인 예산 내에서 구현할 수 있는 디자인에 초점을 맞추는 것이 현명하다.

시공 후 문제가 발생하면 이를 관리해 줄 수 있을까?

시공 후 발생하는 문제를 관리하는 것도 중요한 고려 사항이다. 대부분의 인테리어 업체는 시공 후 발생하는 문제를 적극적으로 대응하지 않는다. 따라서 처음부터 신뢰할 수 있는 꼼꼼한 업체를 선택해야 하고, 가능하면 사업장과 가까운 업체를 선택하는 것이 좋다.

시공이 진행될 때 추가 비용이 발생하지 않을까?

견적서대로 시공이 진행되지 않고 추가 비용이 발생하는 경우는 빈번히 일어난다. 구조 변경, 전기 증설, 폐기물 증가 등 다양한 이유로 추가 비용이 발생할 수 있으므로 이에 대비해 자금 계획을 세우는 것이 필요하다.

기존 시설을 최대한 활용하여 인테리어를 할 수 없을까?

대부분의 업주가 인테리어를 할 때 기존 시설을 최대한 활용하는 방향으로 고민한다. 하지만 기존의 콘셉트와 메뉴가 다르다면 처음부터 새롭게 인테리어하는 것이 바람직하다. 기존 시설을 그대로 사용하는 것은 단기적으로 비용을 절감할 수 있을지 모르지만, 장기적으로 브랜드 정체성 형성과 운영 효율성 측면에서 불리하다. 이뿐 아니라 앞으로 구현해야 하는 프로세스에 악영향을 줄 수 있다.

이러한 의문에서 비롯된 질문들을 사전에 충분히 고민하고 해결책을 마련하는 것은 인테리어 프로젝트를 성공으로 이끄는 데 결정적인 역할을 한다. 철저한 계획과 신중한 업체 선정, 그리고 유연한 자세로 임하는 것이 식당 인테리어를 성공적으로 완성하는 열쇠이다.

미리 알면 좋은 식당 인테리어의 변수

식당을 인수하고 나서야 비로소 눈에 보이지 않던 것들이 드러나기 시작한다. 계약 전의 설렘 때문에 간과했던 부분들이 이제야 제대로 보이는 것이다. 한때 작은 이자카야를 인수하여 초밥집으로 전환하려 한 적이 있다. 이미 계약했는데 막상 인테리어를 하려고 보니 당시 내부에 예상치 못한 이전의 인테리어 흔적들이 어마어마하게 많이 발견되었다. 일반적으로 그 평수에서 예상했던 비용이 300만 원 정도였으나 실제로 2배 이상 들여 철거를 진행했다.

한번은 오래된 초밥집을 리모델링한 적이 있다. 인테리어 작업을 마치고 퇴근한 어느 날 밤에 경비실에서 전화가 왔다. 매장에서 물이 새 1층 주차장으로 쏟아진다는 것이다. 새벽에 달려가 보니 아무리 찾아도 물이 새는 곳이 없었다. 몇 시간을 들여 세세히 살펴보니 새로 설치한 가벽 내부에서 누수가 발생한 것을 발견했다.

이렇듯 식당 인테리어는 비용이 늘어나면 늘어났지 결코 줄어들지 않는다. 식당 인테리어는 다른 공간의 인테리어에 비해 훨씬 복잡하며 변수가 많아 까다롭다. 상가의 모양과 형태, 영업 연수에 따라 각기 다른 환경을 가지기 때문에 시공을 시작하면 예상치 못한 변수가 많이 생긴다. 아무리 조심해도 이러한 사건들은 비일비재하게 일어난다. 따라서 경험이 많은 인테리어업자들은 항상 그 변수에 대비해 조금 더 많은 비용으로 견적을 낸다. 이를 통해 업자 자신이 손해를 보는 상황을 방지할 수 있다. 그러나 나는 좀 더 꼼꼼하게 점검하고 계약한다면 이러한 큰 손해를 막을 수 있다는 것을 경험으로 배웠다.

인테리어 변수 요인

모든 일이 계획대로 척척 진행되면 좋겠지만, 생각보다 변수가 많이 존재한다. 특히 식당 인테리어는 더 그렇다. 미리 알면 타격감이 덜 하므로 예측 가능한 변수들이 무엇이 있는지 한번 짚어 보도록 하자.

층수

식당은 층과 평수에 따라 소방법 규제를 받는다. 그래서 소방법의 영향으로 매장의 활용도가 떨어지기도 한다. 15년 전 3층에 있는 파스타집을 인수해 리모델링하는 과정에서 이 소방법을 잘 몰라 인테리어를 일부분 다시 했던 적도 있다.

전기 용량

매장 내에 할당된 전기 용량에 따라 비용이 추가된다. 매년 바뀌는 소방법과 노후한 배선은 인테리어 비용에 큰 영향을 준다. 1층에 자리한 8평짜리 초밥집을 인수했을 때 전기가 부족함에도 불구하고 무리하게 전기 제품을 사용해 불이 날 뻔한 적이 있다. 또 몇 년 전 생선구이집을 인수했는데, 인테리어를 시작하고 보니 매장의 기존 전기 배선이 너무 노후되어 전봇대에서부터 나오는 전기 배선까지 전부 교체해야 했다.

연식

영업장이 노후할수록 비용은 더 추가된다. 비용 추가는 오래된 단독주택을 개조할 때 자주 발생한다. 남양주의 한 카페는 노후한 주택을 개조하여 인테리어를 했는데 견적가보다 약 80%의 비용이 추가되는 일이 있었다.

기둥의 위치

기둥은 인테리어에 큰 방해 요인으로 작용한다. 무분별하게 배치된 기둥은 매장 활용도를 떨어뜨리며 작업자에게 좋지 않은 동선을 만든다. 만약 매장에 기둥이 여러 개 있다면 식당 운영에 손해가 난다고 봐야 한다.

하수도

오래된 건물은 하수도의 지름이 작은 곳이 많다. 오래된 건물에서 고깃집을 하려면 무조건 주방을 다시 갈아엎어야 한다. 이런 곳은 한 달에 한 번씩 하수구를 뚫는 작업이 빈번하게 발생한다.

환경적 요소가 다양하게 존재하는 상가에서 시공을 시작하면 예상치 못한 많은 변수가 생기기 때문에, 인테리어 프로젝트 시작 전에 이러한 요인들을 충분히 고려하고 대비해야 한다.

리스크를 최소화하는 식당 인테리어 순서

인테리어는 전문 시공업자가 한다. 하지만 과정이 어떻게 돌아가는지 정확히 아는 것과 모르는 것에는 큰 차이가 있다. 그리고 단계마다 업주가 선택하고 결정해야 할 부분이 생각보다 많이 있다. 현실적인 상황과 비용을 고려해 전문가의 의견에 따라야겠지만, 기본적으로 내가 연출하고자 하는 콘셉트와 인테리어 과정을 잘 알아야 효율적인 논의와 진행이 가능하다. 우선 인테리어 진행 단계를 차근차근 알아보자.

① 주방 위치와 구조 결정

가장 먼저 해야 할 것은 주방의 위치와 구조를 결정하는 일로 메뉴 특성과 조리 기준에 따라 결정된다. 대부분의 주방은 홀 안쪽에 배치되지만, 콘셉트에 따라 주방의 위치는 다양한 곳에 자리할 수 있다. 주방이 홀의 입구 쪽에 위치하여 손님에게 노출되기를 원한다면, 주방에서 오랜 시간 동안 종사했거나 식당 운영 경험이 풍부한 사람이 관리하는 식당에 적합하다. 오픈 주방은 관리가 어렵기 때문이다.

위치가 결정되면 상품 생산 과정에 적합한 주방의 크기를 정한다. 영업장의 전체 평수가 작을 경우, 주방의 크기는 더욱 정밀하게 결정해야 한다.

② 철거

인테리어 설계가 마무리되기 전까지 철거가 끝날 수 있도록 미리 시작하는 것을 추천한다. 철거도 해당 인테리어 업체의 견적에 포함해서 비용을 산정하는 것이 좋다. 변수가 많은 만큼 정확한 견적을 요구한다. 철거 방법은 부분 철거와 전체 철거로 나눌 수 있다.

③ 상하수도 및 방수 공사

철거가 끝나면 가장 먼저 주방 시공이 시작된다. 주방 시공은 건조 과정이 필요해 아무리 빨라도 5~7일 정도가 걸린다. 주방 공사는 보통 방수, 상하수도, 타일 시공이다. 이때 전기 공사와 목조 공사도 함께 진행된다.

④ 전기 공사
전기 공사는 인테리어 전 과정에서 틈틈이 시공하기 때문에 인테리어업자가 스케줄을 조정해야만 하는 시공이다. 직접 시공할 때 스케줄을 조율하기 어려운 부분이 있다.

⑤ 익스테리어(외부)
보통 외부 공사는 내부 공사와 별도이기 때문에 내부 스케줄에 상관없이 진행된다. 여름의 폭염과 장마, 겨울의 한파에 영향을 받기 때문에 일정이 변경되기도 한다.

⑥ 홀 인테리어
홀 인테리어는 주방과 동시에 시작하는 경우도 있다. 기존의 홀 인테리어가 노후하지 않고, 하고자 하는 식당의 콘셉트와 맞다면 최대한 비용을 들이지 않고 페인트칠과 조명 설치만으로 분위기를 연출하는 것도 방법이다. 하지만 아주 다른 콘셉트라면 과감하게 인테리어를 바꿔야 한다.

⑦ 도색 및 도배
홀 인테리어가 끝나고 도색과 도배를 할 때쯤 주방 집기가 들어오게 된다. 도색은 보양 작업(칠이 다른 곳에 묻지 않게 비닐로 싸는 작업)과 칠이 매끈하게 칠해질 수 있게 구멍을 메우는 메지(타일과 타일 사이의 시멘트)

삭업까지 해야 하기 때문에 보기보다 단순하지 않다. 두세 번 이상 칠을 하는데, 평수에 따라 다르지만 2~5일 정도 소요된다.

⑧ 공조
주방 공조와 홀 공조, 두 가지로 나누어 시공한다. 공조는 보통 주방 시공이 거의 끝날 무렵에 시작된다. 배관을 미리 설치하기도 한다. 하지만 후드는 주방 집기가 들어오기 전에 시공하지 말고 주방 집기가 들어온 다음 시공하는 것을 추천한다. 그래야 집기가 약간 이동하더라도 정확한 위치에 후드를 설치할 수 있기 때문이다.

⑨ 조명
인테리어에서 조명은 적은 비용으로 큰 역할을 한다. 보통 '직접 조명'과 '간접 조명'으로 나뉜다. 보통 홀에서 직접 조명은 영업장이 넓고 회전율이 높은 식당에서 주로 쓰이고, 간접 조명은 비교적 인테리어에 비용을 들인 곳에서 시공한다. 레스토랑이나 카페에서 분위기 있는 연출을 하려면 2,500~3,500K 정도의 전구 색 계열의 조명을 사용한다.

주방은 작업자의 눈이 부시지 않고 앞이 잘 보이는 조도가 필요하다. 주광색 계열로 3,500~5,000K 정도의 조도를 써야 한다. 주방 조명 설치 시 주의점은 후드 내에 조명을 설치하는 것과 주방 통로 위쪽으로 조명을 설치할 때 작업자의 그림자 때문에 작업 환경이 어두워지지 않는지를 확인해야 한다. 그렇다고 조명을 너무 밝게 하면 눈이 피로해지므로 적절한 조도를 맞춰 원활한 작업이 이루어질 수 있도록 한다.

오픈 주방의 경우 홀과 주방의 경계가 없는 조명을 설치하는 것이 요즘 추세이다. 주방과 홀의 경계 없이 홀에서 주방을 바로 바라보는 경우 더욱 주방 조도에 신경 써야 한다. 작업자가 잘 보이면서 홀에는 남다른 분위기를 연출할 수 있는 조명이 필요하다. 또 낮 조명과 저녁 조명으로 구분해서 설치하면 점심과 저녁 장사의 분위기를 다르게 연출할 수 있다.

⑩ 가스

가스는 LPG와 LNG로 나눌 수 있다. LPG는 가스를 주문하여 가스통에 채워 공급하는 방식이고 LNG는 도시가스이다. LPG의 경우 가스 시공을 공급하는 업체가 부담하는 것이 통상적이다. LNG의 경우 시공비(10평 기준 약 150만 원 정도)가 발생하고 지역 도시가스에 허가를 받아야 한다. LNG의 경우 시공이 끝나고 검수관이 검수 후 며칠이 소요된 다음에 사용이 가능하다. 지역별로 검수 기간은 제각각 다르다. 또 시공 후 가스 용량이나 구조를 변경할 때마다 시공비와 도면 변경 비용이 발생한다.

인테리어 시공 시 반드시 알아야 할 것

2011년에 기존에 운영하던 초밥집을 2층으로 확장할 때 이리저리 알아본 끝에 동네에 있는 내 또래의 인테리어 업체 사장을 만났다. 인테리어 업체를 몇 번 겪어 보니 식당 인근에 위치한 업체를 선정하는 게 낫다고 생각해서 최대한 가까운 거리 안에서 구하던 터였다. 일반적인 계약의 형태가 아닌 인건비가 들어가는 대로 최대한 공사 기간을 줄이는 방식을 이용하였고 실비를 기준으로 계약했다. 하지만 그것이 크나큰 실수였다. 인테리어 도중 업체 대표는 집안일을 핑계로 현장에 나오지 않았고, 때가 되면 돈을 요구했다. 나는 일단 그 사람을 믿어 비용을 제때 지불했다. 그 업주는 이것저것 돈이 많이 들어가는 것들을 제안했고 그것은 인건비를 불리기 위한 수작이었음을 나중에 깨달았다. 또 주방을 시공할 때 처음 시도하는 시공 방법을 적용해서 6개월 만에 주방 바닥이 갈라지고 물이 새는 지경에 다다랐다. 나중에 경험이 쌓이고 보니 그 시공은 기존 시공 비용보다 2배 정도의 비용이 들어간 것을 알았다. 그 당시 인테리어 경험 이 많았던 나조차 이러한 황당한 일을 겪었다.

인테리어는 절대 시공업자에게 모든 것을 맡기면 안 된다. 업자는 인 건비와 자재비를 아끼려고 하고, 되도록 빠르게 공사를 끝내려고 한다. 그들을 못 믿는다거나 사기꾼이란 말이 아니다. 가만히 있지 않고 유심히 지켜본 뒤 모르는 게 있으면 가감 없이 물어보는 것만 해도 시공이 달라 진다는 것이다. 이 책의 내용을 꼭 숙지해야 하는 이유다. 식당을 운영한 다면 이 책을 읽고 최소 3,000만 원 이상 절약할 수 있다.

인테리어 시공 방법을 안다고 인테리어를 잘할 수 있게 되는 것은 아 니다. 단지 모르는 것보다 최소한의 지식을 가졌다면 관계자가 이야기하 는 것을 충분히 이해할 수 있고, 자주 생기는 변수에 빠른 대처가 가능하 다. 그렇다면 이제 인테리어 시공과 관련해 알아 두어야 할 요소들을 살 펴보자.

철거

11평 정도 되는 이자카야 식당을 인수한 적이 있다. 얼마간 이자카야로 운영하다가 술집은 작은 평수로 안 된다는 것을 깨닫고 초밥집으로 바꾸기로 결심했다. 인테리어 업체에서 견적을 내줬는데 비싸다는 생각에 직접 철거를 시도했다. 철거하다 보니 예상 폐기물의 양을 훌쩍 넘었다. 게다가 마지막에는 석면이 나왔다. 석면은 별도 폐기에 해당하고, 폐기 비용이 3배 이상 비싸다. 결국 11평 철거에 그 당시 비용으로 600만 원이 넘게 나왔다. 철거를 우습게 봤다가 크게 당한 셈이다.

철거는 생각보다 변수가 많기 때문에 철거 견적을 낼 때 반드시 계약서로 의사를 전달해야 한다. 철거를 하다 보면 보시 못했던 덧방(기존 인테리어를 철거하지 않고 그 위에 그대로 덮어씌워 인테리어 시공을 하는 것) 때문에 생각지 못했던 폐기물이 생기기도 한다. 이때 견적을 다시 내야 한다는 등의 이야기를 꺼내지 못하게 하려면 계약서가 반드시 필요하다. 철거는 되도록 인테리어 업체가 일임해서 할 수 있도록 한다. 인테리어와 별개로 철거만 다른 업체에 맡기면 막상 인테리어 시공이 들어갔을 때 또다시 부분 철거를 하는 경우가 생기기도 한다. 부분만 철거를 하는 경우, 특별한 경우를 제외하면 철거는 반드시 완전 철거 견적을 내야 한다. 영업장의 이전 업체가 인테리어를 하는 과정에서 완전 철거하지 않고 기존의 인테리어 위에 덧방을 쳤을 가능성이 크기 때문이다. 이 부분이 과할 경우 영업장이 좁아지기도 한다. 최대한 다 벗겨 내서 영업장의 최대 면적을 사용하는 것이 장기적으로 유리하다.

특히 석면 철거에는 비용이 일반 철거의 3배 이상이 들어간다. 석면은 철거가 상당히 까다로워 석면 전문 업체로 석면 양과 구조 조사를 받는다. 의뢰받은 업체는 석면 양을 고용노동부에 통보한다. 석면은 철거

시 해당 구역을 보양한 다음에 작업하기 때문에 비쌀 수밖에 없다. 철거 후에는 공기 질 검사까지 할 정도다.

철거 일체를 인테리어 업체에 맡기지 않고 비용이 저렴하다는 이유로 별도 철거 업체에 의뢰하는 경우가 있는데, 그럴 경우 나중에 문제가 생겨도 책임 소재를 가릴 수 없다. 이에 특별한 경우를 제외하고 철거까지 인테리어 업체에 맡기는 것이 낫다. 덧방을 많이 입힌 식당일수록 철거 비용이 올라간다는 점을 명심하자.

주의 사항

철거를 시작하기 전 반드시 건물 관리실과 이웃 상가에 공사 일정을 알린다. 영업장을 시작하기 전부터 이웃에 피해가 가지 않게 하기 위해서다. 철거의 시작을 알리지 않고 시작했다가 교회와 학원의 항의를 받아 급하게 일정을 변경한 경험이 있다. 일정을 미리 알려도 건물 내의 다른 이웃이 시간 변경을 요구할 수도 있으니 반드시 사전에 꼼꼼히 확인해야 한다.

타일

하수도 매립과 방수 공사를 마치고 건조 과정까지 끝나면 타일 공사가 시작된다. 타일 시공은 인테리어에서 가장 외부에 노출되는 부분이다. 주방 바닥 타일은 작업자가 많이 밟는 부분이기 때문에 꼼꼼한 시공이 요구된다. 주방 바닥 타일 시공의 하자로 다시 타일을 붙여야 하는 경우 그 작업이 결코 간단하지 않다.

벽 타일

주방 벽은 보통 타일로 마감하는데, 스테인리스 판으로 하기도 한다. 타일로 마감할 경우 1,000mm 이하 벽은 보통 방수 석고 보드 위에 시공한다. 이때 주방 벽체를 석고 보드 1장만으로 마감한 곳에 타일을 붙이면 벽이 꿀렁거려서 타일이 얼마 못 가 떨어질 가능성이 높다. 타일을 붙이는 주방 벽은 반드시 석고 보드를 2장 붙이거나 벽체를 더 튼튼하게 보강해야 한다.

　벽 타일은 보통 일반적인 사이즈를 사용하지만 간택기와 같은 열기구를 사용하거나 중화 레인지처럼 큰 불을 사용하는 구역은 벽을 스테인리스로 마감하는 경우도 있다. 간혹 인테리어가 끝났는데도 타일이 부분적으로 떨어지는 하자가 나타나기도 한다. 그것은 그 부분만 하자가 있는 게 아니라 타일 시공 전체가 잘못된 것이라고 봐야 한다. 그대로 두면 계속해서 타일이 떨어질 가능성이 크다.

바닥 타일

바닥 타일은 주방 바닥과 홀 바닥으로 나눌 수 있다. 주방 바닥에 타일을 시공할 경우 단단하고 사이즈가 작으며 메지를 두껍게 넣어야 한다. 홀에 타일로 바닥을 시공할 경우 빠른 시공이 가능하고 고급스러운 연출을 할 수 있다. 또 소재가 다양해 콘셉트에 맞는 분위기 연출이 용이하다. 단점은 떨어지면 재시공이 쉽지 않다. 주방은 건조 기간이 며칠 걸리므로 영업을 중단해야 하기 때문이다.

　주방 바닥 타일은 작업자가 미끄러지지 않는 타일을 사용해야 한다. 미끄러운 타일은 작업자의 피로도를 높이고 사고로 이어질 위험성이 있다. 또 단단하고 사이즈가 작으며 거친 타일을 사용해야 한다. 저렴한 타일은 얼마 못 가서 깨지거나 온도에 쉽게 변형되기 때문에 주방 타일만큼은 저렴한 타일을 쓰지 않는 것이 좋다. 주방 바닥 타일의 크기는 되도록 200mm를 넘지 않아야 한다. 기준이 200mm인 이유는 유아, 어린이를 제외한 사람의 발 사이즈가 평균 200mm 이상이기 때문이다. 발 사이즈의 타일을 사용하면 타일과 타일 사이의 메지에 발이 닿기 때문에 덜 미끄럽다. 타일과 타일 사이를 너무 좁혀 메지가 얇아지면 타일은 잘 떨어진다. 주방의 방수 문제는 사실 이 메지가 떨어지면서부터 시작된다. 메지가 떨어지고, 그 사이로 물이 들어가 타일이 떨어진다. 타일이 떨어지면서 방수가 약해지고, 방수가 약해지면서 방수층이 깨져 결국 아래층으로 물이 새게 되는 것이다.

요즘은 주방 바닥도 다양한 소재로 마감한다. 타일이 방수 기능이 뛰어나긴 하지만, 주방 바닥에서 떨어질 경우 재시공이 쉽지 않다는 단점이 있어 방수 기능을 가진 바닥 마감재를 사용하는 것도 방법이다. 하지만 반드시 몇 년 이상 방수를 증명한 소재를 사용해야 한다. 어느 인테리어업자 추천으로 신소재를 사용해 주방 바닥을 시공했다가 큰 낭패를 본 적이 있다.

주의 사항

타일 시공 시 목재에 타일을 붙이면 거의 다 떨어지고, 마감 작업이 허술해도 타일은 쉽게 잘 떨어진다.

주방 바닥을 제외하고 떨어진 타일 자리에는 먼지 제거 후 실리콘으로 붙이는 것이 가장 간단한 보수 방법이다.

기존 타일을 철거하지 않고 그 위에 타일을 시공하는 경우가 있다. 이렇게 하면 대부분 하자가 생긴다. 타일은 열에 의해 미세하게 변형된다(특히 저렴한 타일이 그렇다). 한파나 혹서기에 타일이 수축하고 이완하면서 내구성이 떨어지는 것이다.

· 창문과 같은 공간을 막아 타일로 마감하려고 한다면 반드시 그 공간을 메우거나 가벽의 두께를 최대한 늘려 벽이 울리지 않게 해야 한다. 공간이 생기면 벽이 울리게 되고 타일이 떨어질 수 있기 때문이다. 게다가 만든 가벽 뒤가 허공이라면 선반을 걸기도 어렵다.

· 주방 벽을 석고 한 장으로만 시공할 경우 반드시 1,000mm 위쪽으로 전부 합판을 대고 석고 마감을 한 후 타일을 붙여 달라고 해야 한다. 합판을 대지 않을 경우 벽이 약해서 벽 선반과 같은 기물들을 벽에 걸 수 없다.

· 주방 집기를 주방에 설치할 때 주방 바닥 타일 작업이 끝나고 2일 정도 지나 바닥이 잘 마른 후에 설치해야 한다.

방수와 하수

식당의 방수 작업은 보통 2~3회에 걸쳐서 한다. 방수층을 두껍게 만들수록 방수 기능이 오래 가기 때문이다.

방수턱

주방에서 물청소를 하거나 물을 써도 홀이나 벽 쪽으로 물이 스며들지 않게 하는 주방의 경계인 방수턱이 있다. 조적을 약 200~300mm의 높이로 주방 넓이만큼 쌓는다. 여기서 주의할 점은 주방 내부의 벽과 바닥이 만나는 부분에 조적 턱이 있어서는 안 된다. 왜냐면 그 조적 때문에 주방 집기 다리가 걸려 벽에 딱 붙지 않기 때문이다. 시공 전에 이 부분을 이야기하지 않으면 주방 테두리에 무조건 턱을 만든다. 그들이 그렇게 하는 이유는 주방 벽과 바닥이 만나는 부분에 틈이 생길 가능성이 높고, 물청소를 하면 그 사이로 물이 들어가기 때문이다. 하지만 굳이 방수턱을 만들지 않고도 방수 시공은 충분히 가능하다. 다음은 주방 바닥 방수 시공 과정이다. 이 과정을 참고해서 시공하기를 권한다.

- 방수 1: 우레탄 프라이머로 바닥에 충분히 발라 준다.
- 배관 설비 작업: 도면에 배치된 대로 하수구와 상수구 작업을 한다.
- 트렌치: 한 번에 버려지는 물을 담는 역할과 이물질이 배관에 끼이는 현상을 방지해 준다.
- 방수 2: 배관이 다 설치되면 방수액과 섞인 시멘트로 한 번 더 방수한다.
- 방수 3: 방수 시멘트가 굳고 나면 시멘트와 배관이 닿는 부분에 우레탄을 칠한다.
- 방수 4: 주방 전체에 우레탄을 한 번 더 칠한다.
- 타일 시공: 마지막으로 타일을 시공한다.

주의 사항
- 하수 배관을 시공할 때 사진을 찍어 놓는다(추후 배관 보수 공사를 하거나 하수구가 막혔을 때 활용한다).
- 배관이 꺾이는 부분에 Y자 배관을 사용한다.
- 물매(물 흐름 경사)를 살펴보고 배관 이음새가 꼼꼼한지 확인한다(간혹 본드 칠을 빼먹는 경우가 있다).
- 상수도 배관은 바닥을 메우기 전에 물이 새는 곳이 없는지 점검한다(가끔 꽉 조이지 않아 물이 새는 경우가 있다).

그리스 트랩의 높이가 높은 것을 설치하면 주방 바닥이 너무 높아져 천장이 가까워진다. 천장이 낮아지면 후드 설치에 문제가 될 수 있기 때문에 그리스 트랩을 선택할 때 주방 천장 높이를 반드시 확인한다.

주방 바닥에 물매를 필요 이상으로 주면 작업자의 피로도가 높아진다. 이에 트렌치 사용으로 주방 경사도가 너무 높아지지 않도록 한다.

카페처럼 주방을 물청소하지 않아도 되는 영업장은 굳이 방수를 하지 않아도 된다. 방수를 하지 않을 경우 아래층의 양해를 구하고 바닥을 뚫어 배관을 아래층 천장에서 연결하는 것도 방법이다. 그렇게 하면 주방과 홀에 턱이 없도록 만들 수 있다.

해면기와 같이 뜨거운 물을 배수해야 하는 곳은 플라스틱 하수 배관이 아닌 트렌치로 흘려보내도록 한다. 장기간 뜨거운 물이 PVC 파이프를 지나갈 경우 배관에 변형이 올 수 있다.

그리스 트랩은 고깃집이나 중국집처럼 기름을 많이 사용하는 곳에서 반드시 설치해야 한다.

트렌치는 일반 기성 제품의 스테인리스가 얇은 제품을 사용할 경우 대부분 얼마 못 가 바닥과 분리된다. 되도록 신주 형태로 주문해서 사용하거나 두꺼운 스테인리스 제품(SUS304)의 트렌치를 써야 한다. 그래야 바닥과 트렌치가 분리되는 것을 막을 수 있다.

상수도

싱크대와 연결하는 수전은 벽 매립형으로 바닥에서 300mm 높이에 설치한다. 수전 부분을 벽에 매립하지 않고 바닥에서 올리면 주방 집기 하부가 수전에 걸려 주방 벽으로 바짝 붙이기 어렵다. 그러면 집기와 집기 사이의 주방 통로가 좁아지고 집기와 벽 사이가 벌어져 이물질과 음식물, 조리 도구 등이 끼게 된다.

주의 사항

- 앵글 밸브는 필수로 설치하도록 요청한다.
- 기존에 깔린 상수는 되도록 사용하지 않는다. 수도 연결 후 어떻게 누수가 될 지 모른다. 어쩔 수 없는 경우 상하수도 배관을 깔 때 사진으로 남겨 둬 추후 발생하는 누수 문제를 빠르게 해결한다.
- 청소용 릴 호스를 설치한다.
- 주방 설계 전, 보일러와 청소용 릴 호스를 연결할 위치에 상수를 빼 둔다.
- 식당에서 정수기는 필수품이기 때문에 정수기와 연결할 수전을 설계한다.
- 상수 공사가 끝나고 주방 집기들과 연결 후 물이 새는 곳이 없는지 반드시 확인한다.
- 싱크대와 상수관의 연결은 항상 인테리어업자와 주방 업자가 서로 미루는 부분이다. 이 때문에 시공 전 계약할 때 이 부분을 누가 작업할 것인지 정해 줘야 한다.

전기

인테리어를 시공하는 동안 전기 공사는 기간을 두고 정하는 것이 없다. 시공 내내 틈틈이 참여하는 시공이다. 전기 시공 과정을 일반인이 잘 모르기 때문에 업주들은 시공이 어떻게 진행되는지 알 수 없다. 그래서 '날림 공사'가 빈번하다. 또 식당에서 생각보다 전기가 많이 필요하기 때문에 전기 공사 전 영업장에 필요한 정확한 전기 용량 확인이 필요하다. 구상가의 경우 전기 시공 업체가 자재 비용을 아끼겠다고 기존에 깔렸던 배선을 이용해 전기 공사를 하는 경우가 종종 있다. 자칫하면 벽에 매립된 노후한 전기 배선으로 인해 합선이 되거나 전기가 들어오지 않는다. 이런 경우 전기 수리가 어려워 전기를 전부 다시 깔아야 할 수 있으니 전기 공사 때는 수시로 확인하는 것이 좋다.

일반적으로 집합 건물의 경우 전기가 충분히 들어오긴 하지만, 매장당 배분되는 전기의 한계가 있을 수 있다. 신규 인테리어라면 나중에 냉장고나 냉난방기가 추가될 가능성이 있어 영업장에 들어오는 전기 용량(최소 10kW 이상)을 충분히 확보해야 한다. 인덕션이나 냉난방기처럼 전기 용량을 많이 차지하는 장비를 사용할 때 미리 어느 정도 전기가 필요한 것인지 확인해야 한다. 보통 에어컨은 3kW 이상 전기가 필요하고, 인덕션의 경우는 7~11kW의 전기가 필요하다. 가정집의 일반적인 전기 용량이 5kW인 것을 감안한다면 식당은 전기가 상당히 필요한 셈이다.

전원(콘센트)

나는 주방을 설계할 때 콘센트 위치에 상당히 공을 들인다. 콘센트가 필요한 위치에 있지 않을 경우 많은 불편을 겪기 때문이다. 적절한 위치의 콘센트는 반드시 필요하고, 정 위치를 정하기 어렵다면 적어도 면마다 4m 간격으로 넉넉히 만드는 것을 추천한다.

주의 사항

- 콘센트는 물이 닿거나 불을 써야 하는 곳은 피한다.
- 석고 가벽에 고정하는 콘센트는 전원 스위치가 헐겁게 마감되어 금세 헐렁거릴 수 있다. 이 부분을 좀 더 꼼꼼하게 해 달라고 요청해야 한다. 그렇지 않으면 콘센트를 꼽거나 뺄 때 벽에 고정한 콘센트가 빠져 버리기도 한다.
- 포스, 프린터, 컴퓨터, 오디오 등 카운터 쪽에는 다양한 전자 제품을 써야 한

다. 이 때문에 카운터 쪽 콘센트는 최소 6구 정도 설치한다.

· 계약 전력은 한국전력공사에 등록된 영업장의 전기 용량을 말한다. 이 전기 용량을 초과할 경우 한전으로부터 할당 전기 용량을 늘리라는 연락이 온다(개별 단독 상가일 경우). 이때 전기 용량을 늘리지 않고 계속해서 사용하면 용량보다 초과된 전기만큼 할증이 붙는다. 이런 경우 무조건 전기 용량을 늘리기보다 굳이 승압하지 말고 할증료를 낸 뒤 쓰는 것도 방법이다.

목재 공사

저렴하게 인테리어를 해 보겠다고 직접 인테리어 시공을 했던 적이 몇 번 있다. 중간에 인테리어 업체를 끼지 않고 나와 목수들, 전기 기술자와 함께 시공했다. 인테리어업자 없이 직접 시공을 하다 보니 서로 다른 종목의 기술자와 기술자와의 시간 조율이 어렵고 여러 가지 문제가 발생했다. 특히 식당은 목수가 거의 빠지지 않고 들어가는데 목수의 인건비가 가장 높다. 목공 공사는 지상 2층(100m²) 이상이나 지하 1층(66m²) 이하인 경우 소방완비증명서를 받아야 해서 목재가 전체 면적의 일정 비율 이하로 제한된다.

주의 사항

· 천장에 점검구를 반드시 만든다.

· 지상 2층에 면적 100m² 이상에서는 목재 사용을 최소화해야 하고, 사용된 목재 마감에도 방염 페인트와 방염 필름 등을 사용해야 한다.

· 목재는 물이 닿으면 금방 썩어서 바퀴벌레가 서식하기 좋은 환경이 되기 때문에 주방에서 되도록 쓰지 않는다.

· 주방 선반을 목재로 할 경우 화재의 위험과 탈부착에 어려움이 있으므로 되

도록 스테인리스 선반으로 대체한다.

수납 부분은 미리 확인하여 수납공간을 만든다.

가벽 설치 시 목재 기둥 부분을 살피고 사진을 찍어 선반을 달 때 나사못이 들어갈 수 있는 부분을 확인한다. 그렇지 않으면 주방 내 선반을 달 때 고정하기 어렵다.

가스

주방에서 가열 기구의 80%가 도시가스나 LPG를 사용한다(가스 시공은 인테리어와 전혀 별개의 시공이다). 도시가스는 30평 기준으로 시공 비용이 약 300만 원 전후로 발생하고, LPG는 가스를 사용하는 조건으로 무료 설치가 가능하다.

도시가스는 시공 후 허가를 받는데 이것을 사용하기까지 약 3~5일 정도의 시간이 걸린다. 가스와 연결된 주방 집기의 위치를 바꾸거나 주방 기구를 추가할 때는 도시가스공사에 설계 변경 신청을 해야 하기 때문에 작업 비용을 포함해 수십만 원이 추가로 발생한다. 되도록 가스 조리 기구를 설치하기 전에 정확한 위치와 집기를 확정해야 한다.

주의 사항

가스 공사는 주방 집기 설치와 후드 시공이 끝난 다음 맨 마지막에 시공한다. 가스 시공업자들은 집기가 설치된 상태에서 배관을 가장 쉽게 설치하려고 하기 때문에 주방 근무자가 일하기 어려운 구조로 설치하는 일이 빈번하다. 그렇게 되면 주방 근무자들은 청소와 작업에 어려움을 겪을 수 있다. 예를 들어 주방 집기 앞으로 배관이 지나가면 청소하기 정말 어려워진다. 그러므로 배관은 벽 쪽으로 최대한 붙여서 손이 닿지 않는 공간으로 배관이 지나가도록 공사를 요청한다. 만약 후드가 설치되기 전에 배관 공사를 하게 되면, 이후 후드를 달 때 큰 구멍을 뚫어야 하거나 아예 후드를 달지 못하는 경우가 있다. 따라서 가스 배관을 설치할 때는 설치 기사와 상의하여 배관이 지나가는 자리를 최대한 작업에 영향을 주지 않는 곳으로 해 달라고 해야 한다.

도장 및 내벽 시공

조명과 함께 매장의 분위기에 크게 영향을 주는 시공이다. 단순해 보이지만 제대로 된 도장을 하려면 어려우므로 전문가의 손이 필요하다. 도장 공정도 대충 칠하는 것이 아니라 도장할 부위에 패인 부분이나 구멍 흠집이 있으면 핸디코트로 그 공간을 메워 준다. 그 후 마르면 고운 사포로 기존 면과 동일해 보이도록 사포질을 하여 바탕을 고르고 깨끗하게 처리하는 과정이 필요하다.

매장 내부에 칠을 하는 방법도 여러 가지가 있지만 요즘은 다양한 도장법으로 분위기를 연출한다. 도장은 같은 색깔이라도 여러 가지 타입이 있다. 컬러 뱅크에서 색 리스트 넘버로 색을 정한다. 색감은 구두로 정하기 어렵기 때문에 반드시 현장 미팅으로 확정하고, 색깔을 사진으로 남겨 놔야 나중에 업자가 다른 말을 하지 않는다.

- 시트지: 디자인된 스티커를 붙이는 공정이다. 코너나 모서리 부분의 마감이 어렵기 때문에 시트지 전문가가 시공을 한다.
- 도배: 도배도 분위기를 연출하는 공정 중의 하나이다.
- 타일: 독특한 분위기를 내기 위해 부분 타일을 붙이거나 수입 타일을 사용하

기도 한다.
- 외부 도장: 외부 도장은 방부 목재를 사용해 시공하는 경우가 많다.

주의 사항

- 색을 칠할 때 더운 날이나 추운 날에는 에어컨이나 온풍기가 있을 경우 작업자들이 사용하기도 하는데, 그렇게 되면 나중에 그 장비들을 못 쓰게 된다. 반드시 에어컨이나 온풍기를 사용할 수 없게 전원을 차단해야 한다.
- 마르지 않은 상태에서 칠을 하거나 덧칠할 때 주의해야 한다. 덧칠을 할 경우 기존 색이 떨어지면서 같이 떨어지고, 마르지 않은 채 칠하면 그 부분은 색이 변한다.
- 외부 목재에 도장을 할 때 아무리 방부목을 사용했어도 일반 페인트는 반드시 다 일어나 벗겨진다. 이에 목재에는 반드시 스테인리스을 사용해야 한다. 다른 도장을 하고 싶다면 목재를 사용하지 말고 다른 재질을 사용해서 시공한 다음 원하는 도장을 한다.
- 도장할 때 가장 많이 발생하는 사고는 업주가 생각한 색과 인테리어업자가 생각한 색이 다르게 나오는 경우이다. 색깔을 정할 때 핸드폰이나 구두로 소통하면 정확한 색을 전달하기 어렵다. 빨간색만 해도 20가지가 넘는데 "그냥 빨강으로 합시다"라고 한다면 내가 생각했던 빨강이 아닌 전혀 다른 빨강을 칠할 수 있다. 이 때문에 반드시 색 리스트의 넘버를 정하거나 원하는 색이 있는 곳으로 업자를 직접 데리고 간다. 그곳에서 색을 확인하고 샘플이 될 수 있는 색을 서로 주고받아 정확한 기록을 남기는 것이 좋다. 미묘한 색의 차이로 느낌이 완전히 달라질 수 있다.

공조

  식당에서 실내의 온습도, 기류, 청정도를 조절하는 것을 공조라고 한다. 공조는 식당에서 중요하다. 고기를 테이블에서 굽는 문화를 가진 우리나라는 다른 나라보다 공조 기술이 빠르게 발전했다. 고깃집 인테리어에서 가장 중요한 것 중 하나가 바로 이 공조 시공이다. 공조가 제대로 설치되지 않아 시작하기 전에 고깃집을 다른 업종으로 전환하는 경우도 많다. 설령 억지로 고깃집을 한다 해도 손님과 주변 상가 입주민 들의 지속적인 불평으로 스트레스를 받아 식당을 그만두기도 한다.

  큰 건물의 공조는 공조 전문가가 흡기와 배기의 양을 계산하여 시공하지만, 대부분의 식당에서는 치밀한 계산보다 일반적인 경험에 의해 시공한다.

- 20평 식당의 흡기와 배기 양: 1.5~2마력
- 30~50평 식당의 흡기와 배기 양: 2~3마력

흡기

공기를 안으로 들여오는 것이다. 배기를 만들었다면 반드시 흡기도 있어야 한다. 공기가 들어가야 공기가 잘 **빠져나오기** 때문이다. 작은 식당들은 잘 몰라서 이 흡기를 설치하지 않는 경우가 많다. 흡기가 설치되지 않으면 배기할 때 가장 공기가 잘 들어올 수 있는 홀이나 창 쪽에서 외부 공기가 유입되어 여름엔 덥고 겨울엔 춥다. 이 때문에 흡기가 없는 식당에서 배기를 사용하면 흡입되어야 하는 공기가 홀 쪽으로 들어와 출입문이 안으로 딸려 들어오거나 배기 소음이 심하다.

배기

고깃집과 같이 연기가 많이 발생하는 식당을 하기 위해 상가를 찾을 때 이 배기 시설이 어떤지 먼저 확인해야 한다. 다양한 상가 환경으로 어떤 건물은 배관이 입상(건물의 꼭대기로 배관을 올리는 일)되지 않아 계약금을 날리거나 생각지도 못하게 수천만 원을 들여 집진기를 설치하는 경우도 있다. 고깃집을 고를 때 이 배기 시설을 먼저 확인해야 한다. 어떤 건물은 배기가 영 시원찮아서 고깃집을 하지 못하는 건물도 있다. 아니면 생각지도 못한 거액의 돈을 들여 배기 시설을 설치하는 경우도 많다.

후드

주방 내에 열기를 담는 후드를 설치할 때 주방 집기가 모두 입고되어 배치가 끝난 후 매달아야 한다. 보통 인테리어 공사를 하면서 후드를 달고 그다음에 주방 집기를 들여오는 경우가 있다. 그렇게 하면 주방 가열 기구가 후드 위치에 정확히 배치되지 않아 빨아들여야 할 열기와 연기가 주방에 가득 차게 되는 수도 있다. 물론 인테리어 시공 중에 배기와 흡기의 배관은 마무리되어야 한다.

후드는 아래쪽 가열 기구 길이보다 가로와 세로 폭이 100mm 정도 크게 만들어야 옆쪽으로 빠져나가는 열기를 담아낼 수 있다. 가열 기구 길이가 가로세로 1,500×700mm라면 후드는 1,600×800mm 정도가 적당하다.

냉난방

냉난방 시공은 인테리어 시공과 별도이지만 인테리어를 할 때 꼭 함께 진행하는 것이 유리하다. 식당에서 냉난방기는 필수이다. 이에 미리 냉난방 시공업자와 상의하여 제품과 실외기의 위치를 정해야 한다. 인테리어가 끝나고 설치하면 배관이 노출되고, 냉난방기 위치가 잘 잡히지 않아 인테리어를 해칠 수 있다.

조명

조명까지 설치하게 되면 인테리어는 거의 마무리 단계이다. 펜던트 조명을 사용할 때 테이블 자리가 완전히 정해진 후 테이블 위에 빛이 떨어지도록 매단다. 테이블을 이동할 수 있다면 레일을 사용하여 펜던트 조명이 옆으로 이동할 수 있도록 설치한다. 특별한 인테리어가 아니어도 조명만으로 특별한 분위기를 만들 수 있기 때문에 조명은 상당히 중요한 인테리어 소재라고 할 수 있다.

주의 사항

일반적으로 음식 가격이 저렴할수록 간접 조명보다 직접 조명을 사용하고, 음식 가격이 고가일수록 간접 조명과 펜던트 조명을 활용한다. 주변 조도를 낮추고 테이블에 직접적으로 조명을 떨어뜨리면 테이블이 사람들 눈에 독립적인 공간으로 인지된다. 음식 사진이 잘 나오는 조도를 가진 조명을 설치하도록 인테리어 업체에 따로 요청하면 좋다.

익스테리어

    건물의 외관을 디자인하는 익스테리어 공사는 내부 공사와 별도로 진행되기 때문에 내부 스케줄에 맞출 필요는 없다. 하지만 폭염과 폭설, 장마와 같이 날씨에 영향을 받기 때문에 그런 날씨 상황에 시공 일정이 잡혔다면 미리 일정 조율을 잘해야 한다. 외부 공사는 보통 간판과 관련된 공사가 많은데, 이때 간판 업자와 간판 허가 부분을 충분히 이야기하고 디자인해야 한다. 만약 그런 과정 없이 임의로 글자 크기를 만들거나 과도한 익스테리어를 만들면 구청에서 간판 허가를 내주지 않는다. 2층이나 3층처럼 가시성이 떨어지는 익스테리어는 특히 더 중요하다.

주의 사항

익스테리어는 간판과 구분이 모호하다. 건축물 규정에 걸리거나 간판 규정에 걸릴 수도 있기 때문에, 그 부분을 미리 파악하고 진행해야 한다.

인테리어 전 확인 사항

인테리어업자와 이야기를 주고받는 것은 상가 계약이 벌써 끝났다는 것이고 메뉴와 주제도 모두 정해졌다는 것이다. 그때를 조심해야 한다. 인테리어만 잘하고 나면 손님으로 미어터질 듯한 들뜬 기분이 들고, 인테리어 업체가 말하는 것도 모두 좋아 보인다. 그 순간에는 세세한 부분이 보이지 않는다. 모르거나 이상한 부분이 있어도 잘 따져 묻지 못한다. 견적서를 받아도 업체가 하는 말이 무슨 말이며, 이게 어떤 자재인지 알아보지 못할뿐더러 사실 궁금하지도 않다. 업체 사장이 좋은 말만 해 주니 알아서 잘해 줄 듯하다. 그래서 꼼꼼히 보지 않고 결국 내뱉는 말은 믿고 맡길 테니 잘 부탁드린다는 말이다.

이건 내 이야기다. 그것도 몇 번씩이나 반복했던 이야기다. 사실 잘못됐다고 깨달은 시기는 인테리어를 시작하고 얼마 지나지 않아서다. 인테리어를 거듭 진행할수록 이상한 부분이 보여 물어보게 되고, 흐름을 알게 되면 잔소리를 하게 된다. 그리고 나면 인테리어 견적서를 보기 시작한다. 하지만 계약금을 지불하면 끝이다. 그때는 바꾸기 어렵다. 바꾸면 피곤한 싸움이 나기 때문이다. 그래서 큰돈이 가야 하는 인테리어는 계약 전부터 꼼꼼히 봐야 한다.

인테리어 계약 확인 사항

① 시공 계획서를 꼼꼼하게 확인한다

식당 인테리어에는 특정 순서가 정해지지만, 실제 공정은 계획서대로 진행되지 않는 경우가 다반사이다. 그럼에도 불구하고 시공사로부터 시공 계획서를 받아 이를 기반으로 공정이 진행되도록 해야 한다. 시공 순서와 날짜를 철저히 맞춰야 완공 지연을 방지할 수 있다. 만약 지연이 발생한다면 시공사에게 그 책임을 물을 수 있는 근거가 된다.

② 경험이 풍부한 업체를 신중하게 선택한다

인테리어 견적 금액도 중요하지만, 업체가 제공하는 포트폴리오와 사업 기간의 실적을 면밀히 검토해야 한다. 경험이 부족한 인테리어 회사는 마무리 단계에서 부실 작업을 할 뿐만 아니라, 완공 후 서비스 응대가 어려울 수 있다. 이러한 업체들은 프로젝트 중 발생할 수 있는 다양한 변수나 업주의 추가 요청 사항을 대충 처리하거나, 문제 발생 시 적절한 대응을 하지 못할 가능성이 높다.

③ 실제로 업체가 작업한 식당을 방문하여 확인한다

온라인으로만 견적을 받고 결정하는 것에 다소 위험이 따른다. 그렇기 때문에 업체가 실제로 시공한 식당을 직접 방문해 봐야 한다. 시공이 완료된 후 한두 달이 지나면서 드러나는 문제점이 어떻게 관리되었는지 확인하는 것도 방법이다. 완공된 식당의 관계자를 통해 사후 관리 상태나 시공 기간 중 발생한 문제를 상세히 알아보는 것이 좋다.

④ 현장과 가까운 업체를 선택하는 것이 바람직하다

작은 식당의 경우, 디자인뿐만 아니라 세심한 시공과 사후 대처가 필요하다. 현장과 가까운 업체를 선택하면 사후 관리에 있어서도 훨씬 용이하게 대응할 수 있다.

⑤ 너무 저렴한 견적을 제시하는 업체는 피한다

비용이 지나치게 저렴한 업체를 선택했을 때, 추후 공사 비용의 증가 문제가 생기거나 최악의 경우 공사 중단의 위험이 따른다. 적절한 금액과 자재, 계획을 꼼꼼히 비교하고, 도면이나 시공 일정을 제시하지 않는 업체는 피하는 것이 현명하다.

⑥ 견적서에 명시된 자재를 자세하게 점검한다

인테리어에 사용되는 자재의 종류와 가격에 대한 일반인의 이해도가 낮기 때문에 여러 업체의 견적을 비교하여 자재의 품질과 가격을 면밀히 검토해야 한다. 자재 변경이 필요한 경우 문자나 카카오톡과 같은 소통 창구로 기록을 남기도록 한다. 이는 나중에 발생할 수 있는 분쟁의 소지를 최소화해 준다.

⑦ 결제 방식을 명확하게 정한다

결제 방법을 계약 사항에 기재한다. 처음부터 계약금으로 50%를 지급하는 것은 피한다. 1차 결제는 전체 금액의 30%, 2차와 3차 결제까지 공사가 진행되는 과정에 필요한 금액만큼만 결제하도록 한다. 돈만 받고 공사를 중단하거나 문제가 있음에도 공사를 진행하는 경우가 있기 때문이다. 완공 후 잔금을 다 치르면 인테리어업자와 통화가 잘 안 되거나 보수를 요청해도 잘 오지 않는 경우가 많다. 반드시 공사 진행 과정을 꼼꼼히 살펴보면서 필요한 만큼만 결제하는 것이 안전하다. 마지막 10% 결제는 공사가 끝나고 약 1개월 안에 큰 하자가 없어 보일 경우 결제하는 것을 추천한다. 물론 인테리어 업체는 빠른 결제를 원하겠지만 계약서에 이런 내용을 표시하는 것도 방법이다. 그리고 마지막 10%는 깎지 말고 꼭 지급하도록 한다. 그래야 추후 하자가 생겨도 수리를 요청할 수 있기 때문이다.

소방완비증명서

내가 운영하던 초밥집 건물 3층에 있는 파스타 가게를 인수한 적이 있다. 인테리어를 거의 마칠 때쯤 사업자를 내려고 하니 영업 신고 전에 소방완비증명서가 있어야 한다고 했다. 별 문제 아니겠지 싶어 소방서에 소방완비증명서를 신청했다. 그런데 큰 문제가 생겼다. 당시 소방법 기준으로 인테리어에 방염 페인트를 써야 했고, 목재 사용 비율 20%가 넘으면 소방법에 걸려 소방완비증명서를 발급받지 못했다. 소방완비증명서를 받기 위해서는 기준대로 다시 시공해야 했다. 결국 수백만 원을 들여 방염 페인트로 전부 칠하고 인테리어 중 목재 비율 20%를 넘기지 않기 위해 여기저기 뜯어고칠 수밖에 없었다.

식당을 목적으로 영업장을 찾는다면 1층을 제외하고 공간 면적이 100m²(약 33평)보다 넓은 2층 이상, 지하에서는 66m² 이상의 면적일 경우 소방완비증명서가 있어야 한다. 그래야 구청에 영업 신고가 가능하고 영업 신고가 되어야 사업자가 나올 수 있다.

소방완비증명서는 사업자 본인이 직접 발급받을 수 있지만 소방법을 일일이 알기 어렵기 때문에 인테리어 전에 사설 방염·방재 업체로 컨설팅을 받아 인테리어를 해야 한다. 개인이 받기에 시간도 오래 걸리고 지적 사항이 많으면 비용이 배가 된다. 소방완비증명서를 수월하게 받으려면 가까운 소방서 근처에 이 업무를 대행해 주는 방염·방재 업체를 선정해서 진행해야 한다. 수수료를 주기는 하지만 그게 안전하고 비용이 오히려 덜 들어간다. 더 좋은 방법은 처음부터 인테리어업자한테 소방완비증명서까지 모두 일임하는 것이다. 그러면 인테리어업자가 업체에게 하청을 주어 책임지고 시공을 진행한다. 계약 전에 업체를 통해 소방완비증명서를 받기에 무리가 없는지 먼저 살펴보고 계약하는 것도 좋은 방법이다. 대형 빌딩일수록 소방법에 민감하기 때문에 계약 후 큰 낭패를 보지 않으려면 이 부분을 최대한 자세히 알아봐야 한다.

음식점 소방완비증명서를 받기 위한 기준은 국가나 지역마다 다를 수 있지만, 일반적으로 다음과 같은 요소들을 포함한다.

① 소화기 및 화재경보기 설치
적절한 수와 종류의 소화기를 필요한 위치에 설치해야 하며, 화재경보기와 화재 감지기가 정상적으로 작동하는지 확인한다.

제   호

안전시설등 완비증명서

「다중이용업소의 안전관리에 관한 특별법」 제9조제5항 및 같은 법 시행규칙 제11조제2항에 따라 안전 시설 등을 확인한 결과, 같은 법 시행규칙 별표 2에 적합하게 설치되었음을 증명합니다.

년   월   일

○○ 소방본부장(소방서장) | 직인 |

※ 알 림
　이 증명서에 적힌 내용이 변경되는 경우에는 관할 소방본부장(소방서장)의 확인을 받아야 합니다.

업 소 명			소 재 지				
사 업 자				업종			
규 모	구조	지상 층/지하 층		연 면적 m²		바닥면적 m²	
	영업장 설치 층: 층	사용면적: m²		구획된 실(룸)의 수: 개			
소 방 시 설 공 사 업 자	상호(명칭)		등록번호 제 호		대 표 자		
	소 재 지					(전화번호:)	

안 전 시 설 등 의   설 치 내 용

시 설 구 분	설 비 명	기 준 수 량	설 치 수 량	적 합 여 부
소 화 설 비	소화기			
	자동확산소화기			
	(간이)스프링클러설비			
경 보 설 비	비상벨설비 또는 자동화재탐지설비			
	가스누설경보기			
피 난 설 비	피난기구			
	피난유도선			
	유도등·유도표지 또는 비상조명등			
	휴대용 비상조명등			
비 상 구	방화문			
	비상구			
영업장 내부통로와 창문	내부통로 폭			cm
	창문크기	설치개수 개	창문 크기 가로 cm × 세로 cm	
그 밖의 시설	영상음향차단장치			
	누전차단기			
피난안내도 및 피난안내 영상물	피난안내도			
	피난안내 영상물			
실 내 장 식 물 불 연 화	사용재료:		설치면적:	
내 부 구 획 불 연 화	사용재료:			
방 염	방염대상물품 사용 여부		물품명:	

② 비상 출구 및 피난 경로
장애물이 없는 명확한 비상 출구와 피난 경로가 있어야 하며, 비상 조명과 표시가 적절히 설치되어야 한다.

③ 방화벽 및 방화문
필요한 경우 방화벽과 방화문을 설치하여 화재가 다른 구역으로 확산되는 것을 방지해야 한다.

④ 주방 안전 설비
주방에는 기름과 불을 다루는 특성상 화재 위험이 높으므로 자동 소화 시스템, 연기 추출기, 그리고 화재 방지 장치 등을 설치해야 한다.

⑤ 정기적인 안전 점검 및 유지 보수
소방 설비와 장비가 정기적으로 점검되고, 필요한 경우 유지 보수가 이루어져야 한다.

⑥ 직원 안전 교육
직원들은 화재 예방, 대처 방법, 비상시 대피 요령 등을 교육받아야 한다.

⑦ 관련 법률 및 규정 준수
지역별 소방 관련 법규를 준수하고, 필요한 모든 소방 관련 허가와 인증을 완료해야 한다.

이러한 기준은 기본적인 가이드라인이며, 실제로 소방완비증명서를 받기 위해 해당 지역의 소방 관련 법규와 규정을 세밀하게 확인하고 따라야 한다. 구체적인 요구 사항은 해당 지역의 소방서나 관련 정부 기관에 문의하여 확인하는 것이 가장 정확하다.

소방완비증명서 발급 기준 및 유의 사항

- 영업식품위생법에 따른 휴게 음식점, 제과점, 일반 음식점이 사용하는 바닥 면적에 따라 다르다.
- 지상 2층 면적이 100㎡ 이상이거나 지하 1층 면적이 66㎡ 이하인 경우 발급 대상이다.
- 방염 페인트와 방염 시트지를 사용한다.
- 목재 사용 비율은 전체 인테리어 자재의 20% 이하로 제한한다.
- 비상구는 주 통로와 20m 이상 떨어져야 한다.
- 전실까지 복도 폭은 1,200mm 이상이 되어야 한다는 등 소방법은 규정이 까다롭고 자주 바뀌기 때문에 매장을 얻기 전 미리 점검한 후에 계약한다.
- 소방 교육을 이수한다.
- 사업자를 양도·양수해도 소방완비증명서는 대부분 신규 발급 대상이다.
- 상가의 유리 면적, 피난 통로, 전실, 비상구, 발코니, 내부 마감재 등 소방에 관련된 부분 말고도 인테리어, 건축, 전기, 내부 마감재, 가스 등도 제약 사항에 해당한다.

인테리어 공사와 소방 공사 완료 시 소방 업체는 완공 신고를 하고 소방관과 현장 검사를 한다. 이후 문제가 없을 시 소방완비증명서를 발급받을 수 있다.

인테리어 시작 전 확인 사항

인테리어 계약 전 확인 사항과 계약 후 본격적인 인테리어 시작 전 확인해야 할 사항이 다르다. 인테리어 시작 전에 손이 많이 가서 업체가 하기 귀찮아하는 것들은 무엇이 있는지 확인하는 것이 필요하다. 시공한 뒤 이야기하면 비용이 추가되기 때문에 시작 전에 비용이 추가되는 부분은 추가하고, 따로 비용이 발생하지 않는 것이 있다면 분명히 이야기해야 한다. 예를 들어 위치를 잡거나 각도를 잡아야 하는 것들은 미리 말해야 한다. 이런 것은 계약 전에 이야기해 봐야 업체가 잊어버리기 일쑤다. 확인 사항들을 먼저 구두로 전달하고 난 뒤 서면이나 도면 이미지 등으로 한 번 더 전달하여 서로 확인하는 것이 좋다.

다음은 더욱 세밀한 확인이 필요한 사항이다. 이것을 확인하는 것만으로도 주방은 놀라울 만큼 높은 완성도를 가진다. 시공 전 다음과 같은 사항들을 미리 꼼꼼히 확인하면 비용 추가 없이, 업자와의 분쟁 없이 합리적인 금액으로 인테리어를 시행할 수 있다.

홀 영역

콘센트

영업장 외부에서 입간판에 쓸 전기를 사용해야 할 때가 있는데 영업장 외부에 콘센트를 만들 생각을 좀처럼 하지 못한다. 외부에 콘센트가 없으면 상당히 불편하다. 내부에서 선을 연결하여 사용하게 되면 선이 지저분하게 노출되고 문이 닫히지를 않기 때문이다. 나중에 설치하려면 외벽을 뚫어 시공해야 해서 생각보다 비용도 많이 든다. 반드시 인테리어 시작 전 외부에 1개 정도의 콘센트를 외관을 해치지 않는 선에서 만들어 두는 것이 좋다.

냉난방기

식당을 인수하고 인테리어 공사에 들어가면 냉난방 부분을 소홀하게 생각하는 경우가 많다. 스탠드형 냉난방의 경우 바람의 세기나 방향 때문에 영업장 구석에 놓고 방향을 중앙으로 향하게 하여 설치한다. 이때 냉난방기의 색이 인테리어와 맞지 않을 수 있다. 그래서 냉난방기 위치가 정해지면 별도 공간을 만들어 냉난방기가 보이지 않게 하는 것도 방법이다.

주방 영역

방수

주방에서 가장 많은 사고의 원인은 방수이다. 방수를 꼼꼼히 하지 않으면 심각한 문제를 초래하기 때문에 습식 주방의 경우 반드시 3중 방수까지 하는 것이 좋다. 주방 바닥에 하수관과 상수관을 묻게 되는데 상수관은 파이프 배관이나 에이콘 배관을 사용해야 한다. 스테인리스 배관을 사용할 경우 시간이 지나 녹이 생기거나 균열이 생겨 누수가 발생할 가능성이 높다.

콘센트

주방 내부의 콘센트는 물이 닿지 않는 적절한 곳에 설치한다. 최소한 면에 1개 이상은 설치해야 이후에 집기를 이동해도 별 무리 없이

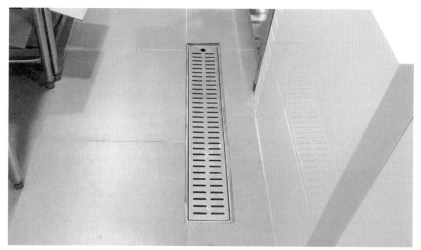
보통 트렌치를 통로 중앙에 설치하지만 나는 통로의 중앙에서 약간 벗어난 곳에 설치한다.
그 이유는 통로 중앙은 작업자가 자주 밟는 구역이므로 그만큼 트렌치와 바닥에 균열이 생길 가능성이 높다.

전기를 사용할 수 있다. 콘센트가 부족하면 노출형 콘센트를 사용하게 되고, 그렇게 되면 누전의 원인이 되거나 이물질이 곳곳에 끼게 된다.

방수턱

주방 내부에 방수턱은 만들지 않도록 한다. 주방 바닥의 물이 외부로 넘쳐 나오지 않게 하는 것이 방수턱인데, 방수턱을 무리하게 만드는 인테리어 업체가 많다. 그러면 집기들이 벽에 바짝 붙을 수 없게 되고 주방 집기와 벽 사이가 노출되어 음식물과 작은 도구들이 그 사이로 들어가게 된다. 출입구 쪽의 방수턱도 높지 않게 만들어야 수시로 드나드는 작은 식당에서 적절하게 이용할 수 있다.

수도 배관 매설 시 주름관 설치는 절대 피해야 한다.

물매

물매는 주방 바닥 물이 트렌치나 하수구로 자연스럽게 흘러 내려오
도록 주방 바닥에 경사를 두는 것을 말한다. 이 경사를 너무 덜 잡으
면 물이 한쪽으로 고일 수 있고, 심하게 잡으면 작업자의 피로도가
높아진다. 물매는 적절히 잡도록 해야 한다.

구멍과 틈

인테리어가 끝나고 나서 마감 부분이 허술한 경우가 많다. 구멍이나
틈이 잘 보이지 않는 곳과 구석을 잘 살펴보고 마무리를 깔끔하게 해
야 한다. 구멍이나 틈은 해충이나 쥐가 드나드는 통로가 되고, 외부
의 공기가 흘러들어 냉난방의 조절을 어렵게 하기 때문에 반드시 꼼
꼼하게 마감해야 한다.

중고용품

권리금을 주고 영업장을 인수할 경우 기존 영업장에서 쓰던 주방 집기를 사용하는 경우가 있다. 이때 사용할 주방 집기가 정상적으로 작동하는지 확인해야 한다. 기껏 사용하려고 사이즈에 맞게 위치를 잡았는데 설치 후에 그 제품이 고장이라면 제품을 가스에서 분리하거나 주방에서 빼내 버리는 것도 큰일이 된다. 때에 따라 큰 냉장고의 경우 크기 때문에 밖으로 빼지도 못해 일일이 용접으로 분해해서 버리는 경우도 있다. 또 그만한 사이즈의 새 제품도 넣지 못한다. 이 때문에 중고 제품을 받았다면 수리 기사를 불러 제품을 점검하고 수리 가능 여부를 확인해야 한다. 만약 고장이 났거나 상태가 시원찮다면 설치 전에 버리고 주방에 맞는 제품을 새로 구매해야 한다.

천장 높이

습식 주방은 대부분 기존 영업장 바닥에서 150~200mm 정도 올라온다. 보통 후드의 높이가 약 550mm인데 이 높이와 후드에 물리는 배관의 높이가 약 400mm, 작업자의 키 1,600~1,800mm를 감안하면 영업장 바닥에서 천장까지의 높이는 약 2,800~3,000mm는 되어야 한다(작업자가 모자를 쓴다면 이 높이도 넉넉하지 않다). 만약 이 높이보다 낮은 천장의 영업장이라면 후드의 배관을 옆에서 물리거나 후드 높이를 줄여야 한다. 하지만 이렇게 만들면 후드에서 연기를 뽑아내는 것이 원활하지 않을 뿐 아니라 소음도 심해진다.

수납공간

수납공간이 넉넉한 식당은 아마 없을 것이다. 대부분의 식당은 수납
공간이 부족해서 어디라도 수납공간을 만들고 싶어 한다. 식당을 처
음 시작할 때는 수납공간의 개념이 없어 그것을 고려하지 않고 인테
리어를 진행한다. 하지만 영업을 하면 할수록 수납공간이 식당에서
얼마나 중요한지 깨닫게 된다. 나는 수납공간이 없어서 점검구 안쪽
에 물건들을 보관하기도 했다. 영업장이 작을수록 그만큼 수납공간이
부족하다. 이에 인테리어 시작 전 수납을 하기 위한 구상이 필요하
다. 15평 이하 영업장의 경우 홀 테이블 머리 위쪽으로 수납을 하는
경우가 있다. 이런 경우 수납공간은 해결할지 몰라도 매장이 좁아 보
이고 답답해질 수 있다.

에어컨

식당에서 가장 더운 곳은 주방이다. 문제는 에어컨을 주방에 설치해
도 냉기가 모두 후드로 빨려 들어간다는 것이다. 주방을 시원하게 만
드는 것은 불가능하고 그저 덜 덥게 만드는 것이 최선이다. 가장 좋
은 방법은 작업자의 머리나 뒤통수의 온도만이라도 낮춰서 탈진을
방지하는 것이다. 후드 자체에 외부 공기를 들여오거나 천장에서 냉
기를 바로 떨어뜨리는 방식도 있다. 다만 우선 최대한 열을 내는 조
리 기구들을 인덕션과 같은 전기 조리 기구로 바꾸는 게 열기의 원인
을 제거하는 방법이다. 하지만 이러한 주방 장비는 고가이기 때문에
설치비가 부담스럽다. 요즘은 주방 근무자들의 복지 차원에서라도 주
방에 에어컨을 설치해 줘야 한다.

　벽걸이형은 가장 큰 용량이 16평인데, 후드의 반대쪽에 설치하

는 것이 좋다. 차가워진 공기가 중간에 작업자를 거쳐 환기구로 빨려 들어가는 위치에 에어컨을 설치하는 것이 가장 이상적이다.

가스 설치일

도시가스 설치는 후드 설치 후에 하는 것이 좋다. 설치 후 사용 허가는 약 3~7일가량 소요되므로 인테리어 기간을 확인해서 오픈 전에 차질 없이 가스를 사용할 수 있도록 한다.

차단기

다양한 전열 기구를 사용하는 주방에서 전기 배분이 잘 되지 않으면 사소한 것 때문에 큰 비용이 들어가기도 한다. 예를 들어 차단기 하나에 콘센트를 3~4개씩 연결할 경우 전기 용량이 조금만 높은 기구를 사용해도 차단기가 떨어져 콘센트에 꼽힌 전기 제품 전원이 꺼진다. 이런 일은 빈번히 일어나고 초반에 알아차리기도 어렵다. 꼼꼼하고 제대로 된 인테리어 회사라면 전기를 적절히 배분하지만 작업 시간을 단축하려고 부실 시공을 하는 사례가 많다. 차단기 하나에 여러 콘센트를 꽂을 경우 주방 관리자가 퇴근한 후 전열 기구에 1개만 문제가 생겨도 차단기가 떨어져 냉장고가 꺼지는 사고가 발생한다. 이렇게 되면 다음 날 식재들을 모두 폐기하는 일이 생길 수 있다.

후드

후드는 보통 가열 조리 기구와 같은 사이즈로 설치한다. 하지만 조리 기구가 화구에 올라가면 열기는 그 옆으로 퍼져 올라가기 때문에 후드는 가열 조리 기구보다 최소 100mm 이상 크게 만들어야 한다.

하수도

20년 이상 오래된 건물은 하수 배관의 지름이 50mm인 경우가 많다. 이런 배관이 있는 식당에서 기름기가 많은 음식을 팔면 100% 하수구가 막힌다. 하수 배관은 되도록 120mm 이상의 배관을 사용하기를 권한다. 만약 어쩔 수 없이 지름이 작은 배관이 있는 식당을 얻었다면 반드시 그리스 트랩을 설치해서 기름기가 배관에 끼는 것을 최대한 방지한다.

공간

작은 식당에서는 100mm² 규모의 공간도 작게 느껴진다. 이 때문에 홀이나 주방에 어딘가 튀어나온 부분을 처리할 때 그 부분을 잘라 내지 않고 그대로 감싸는 경우가 많다. 하지만 그렇게 처리하면 그만큼 공간이 줄어들게 된다. 기둥이나 벽을 마감할 때도 어느 정도의 두께로 마감하느냐에 따라 작은 식당의 여유 공간이 결정된다. 공간을 낭비하지 않기 위해 인테리어업자와 충분히 협의하여 공간을 활용해야 한다.

가스

인테리어를 시작하기 전에 도시가스를 사용할 수 있는지, 아니면 LPG를 사용해야 하는지 등을 미리 점검한다. 가스 기구는 둘 중 하나를 선택해서 주문해야 하고, 기존의 도시가스 용량이 작다면 가스 용량을 늘려 신고해야 한다. 또 도시가스가 들어오지 않았지만 큰 비용을 들이지 않고 들여올 수 있다면 도시가스를 사용하는 것이 훨씬 저렴하다. 상가 계약 전이라면 상가 임대인에게 도시가스가 들어올

수 있게 요청해서 임대인이 시설을 해 주는 경우도 있다. 임대인이 가스 시설을 해 준다면 적어도 200·300만 원을 절약하는 셈이다.

기둥

오래된 건물에는 기둥들이 중앙에 있거나 벽에 붙어 튀어나온 경우가 있다. 그리고 그 수가 상당히 많은 상가도 있다. 이 기둥 때문에 평수가 줄어드는 현상이 나타나 그 평수에 맞게 테이블이 놓이지 못하거나 주방이 좁아지는 경우가 왕왕 있다. 인테리어 전에 이 기둥의 단점을 어떻게 하면 효율적으로 바꿀 수 있는지 미리 고민하고 확인해야 한다.

홀 싱크대

영업장이 10평 내외인 식당들은 홀에 세척 공간을 만들지 않는 경우가 많다. 영업장이 넓지 않으니 주방에 들어가서 손을 씻거나 컵을 씻으면 되겠다고 생각하지만 오산이다. 홀에 싱크대가 있는 것과 없는 것은 캠핑카 내부의 화장실 유무와 마찬가지이다. 없어서 불편하진 않아도 막상 사용해 보고 나면 없으면 안 되는 것이다.

전기 용량

전기 용량은 임대차 계약 전에 확인해야 한다. 예를 들어 30평 고깃집을 하려고 상가를 알아보다가 전기 용량이 충분히 들어왔다는 이야기만 듣고 덜컥 계약을 했다. 고깃집은 상당히 많은 에어컨이 필요하다. 필요한 에어컨을 모두 쓰자니 전기가 부족해 승압을 하려 했는데, 건물에 들어와 있는 한국전력공사와의 계약 용량을 모두 사용해서 여유가 없다고 했다. 이럴 경우 건물로 전기가 들어오기 위해 한전에 신청을 해야 하는데, 건물로 전기가 들어오는 것은 보통 비용이 1,000만 원 단위이다. 그렇다고 임대차 기간 동안 임대인이 비용을 지불해 주는 경우는 없다. 계약 전에 해결했어야 한다. 룸을 쓰는 대형 식당의 경우 이 전기 때문에 계약을 파기하는 일이 비일비재하다. 반드시 계약 전에 전기 용량을 확인하고 내가 필요한 전기 용량만큼 건물에 충분한 전기가 들어왔는지 꼼꼼히 살펴야 한다.

홀 테이블 사이즈

일반적으로 식당에서 사용하는 테이블 사이즈는 4인 기준 1,200×700mm, 2인 기준 600×700mm이다. 테이블 사이즈의 크기가 100mm 커지는 것이 별것 아닌 것처럼 보이지만 테이블이 여러 개인 만큼 홀의 복도와 테이블 간격에 큰 영향을 준다.

타일

인테리어가 끝난 뒤 약 한 달에서 1년 사이에 가장 눈에 띄는 것이 깨지는 타일이다. 벽에 붙인 타일이 떨어질 수도 있고, 특히 트렌치 주변의 타일이 가장 빨리 떨어진다. 타일이 떨어지는 것을 방지하기란 어려운 일이다. 그래도 최대한 타일이 떨어지는 것을 방지하기 위해 되도록 긴 트렌치보다 구역별로 필요한 사이즈에 맞춰 넣는 것이 좋다. 어쩔 수 없이 긴 트렌치를 사용할 경우 잘 휘는 스테인리스보다 주물로 제작된 트렌치를 사용해야 한다. 그래야 트렌치 주변의 타일이 잘 떨어지지 않는다. 트렌치는 통로 주변보다 작업자가 잘 밟지 않는 작업대 아래쪽이 적절하다.

인테리어 중 확인 사항

    식당 운영을 처음 시작한 서울의 한 태국 음식점 업주는 인테리어 시공 사고로 3개월 넘게 식당을 운영하지 못했다. 처음에 인테리어업자를 불러 견적을 냈는데, 어머니의 지인이 끼어들어 그 금액의 반 가격으로 견적을 냈다는 것이다. 미심쩍은 마음에 첫 견적을 낸 업체를 선정해 시공하려 했으나 어머니가 저렴한 업체를 고집하는 바람에 그 업체에 시공을 맡기게 되었다. 하지만 그 업체는 공사 중간에 잠적해 버렸다. 공사를 마무리해야 했던 업주는 여기저기 수소문을 해 봤지만 중단된 공사를 이어서 맡을 업체를 찾는 것은 쉽지 않았다. 간신히 찾은 업체마저 공사를 하다가 그만뒀다고 했다. 결국 업주가 기술자들을 일일이 불러 마무리를 지었는데 그 후로도 시공 하자 때문에 어려움을 겪었다.

    상가를 계약하고 임차인들은 빠르게 인테리어 견적을 낸 다음 시공에 들어간다. 계약 후 임대료를 받지 않는 렌트 프리(Rent free) 기간을 주기도 하지만 임차인 입장에서는 렌트 프리 기간이 지나면 임대료 청구가 되기 때문에 최대한 비용을 아끼고 싶은 마음 때문이다. 하지만 이렇게 서두르다 보면 인테리어 콘셉트와 견적, 전체 기획이 생각했던 것만큼 원활히 되지 않아 처음 생각했던 대로 잘 풀리지 않을 때가 많다. 인테리어 기획이 어려워 보이지 않아도 막상 시공이 끝난 뒤 장사를 시작해 보면 충분한 시간을 갖고 준비했어야 함을 깨닫는다.

식당을 여러 차례 해 본 경험 있는 업주들이 인테리어의 각 분야별 기술자들(목수, 전기, 금속, 칠 등)을 직접 불러 시공하는 경우가 있다. 하지만 나는 이런 시공 방식을 추천하지 않는다. 앞서 태국 음식점의 사례처럼 인테리어업자에게 지급할 수수료를 절약하고자 적절치 못한 방식으로 인테리어를 시공했다가 사고가 생겼기 때문이다. 그 사고란 시공 하자, 공사 지연, 공사 중단 등 다양하게 있다.

인테리어 업체는 소속된 직원들이 있거나 함께 일하는 팀을 꾸려서 시공을 하는 것이 보통이다. 이런 기술자들은 업체에 소속되어 인테리어 업체의 통솔을 받아 일을 한다. 하지만 인테리어 경험이 있다고 기술자들을 직접 불러들여 시공을 맡길 경우 기술자들을 통제하는 것이 쉽지 않다. 그들은 우선 소속감과 책임감이 떨어져 이번 시공 후에 다시 볼 일이 없다는 생각으로 시공 일정을 잘 맞추지 않거나 꼼꼼히 시공하지 않는 등 많은 문제를 만든다. 이에 초보 창업자들은 이런 방식으로 진행하지 않는 것이 좋다. 그나마 경험이 있는 사람들은 하자가 생겨도 빠르게 대처하여 큰 문제 없이 진행이 가능할 수 있지만 초보 창업자들은 아예 손을 놓아 버리는 경우도 왕왕 발생하기 때문이다. 그렇게 되면 결국 비용을 아껴 시공하려고 했다가 2배 넘는 시공 비용이 들어가기도 한다.

인테리어 직접 시공 시 문제점

- 목수, 전기, 타일, 방수, 도배, 칠 등 기술자들을 직접 불러서 일일이 시간을 맞춰야 하기 때문에 일정 조율이 어렵고 시공 기간이 길다.
- 가게 주인이 직접 주관하면 기술자들은 이번 공사 한 번뿐이라고 인지하기 때문에 지시 사항을 잘 따르지 않고 작업 속도도 느리다.
- 직접 시공에는 두 가지 시공 방식이 있다. 기간 내에 공사를 마무리하는 조건으로 공사 금액을 정해서 하는 방식과 일한 만큼 일당을 주고 자재를 사 주는 방식이 있다. 둘 다 문제가 있다. 시공비를 일정 금액으로 정하면 어떻게든 비용을 줄이려고 해서 부실 공사가 되고, 일당제로 하면 일을 느슨하게 해서 공사 기간이 늘어난다.
- 시공이 끝나면 책임을 지지 않으려 하고 군데군데 눈에 보이지 않는 부실 시공 문제가 생긴다.
- 각종 투정과 요구 사항이 늘어나는 경우가 있다.
- 2층 이상이나 지하의 경우 소방완비증명서를 받는 데 장애물이 많아진다.
- 공사가 끝난 다음부터 소통이 어려운 경우가 있다.

다음은 인테리어 도중 점검해야 할 사항들이다.

① 무엇이든 꼼꼼히 물어본다

나처럼 식당을 오픈해 본 경험이 수십 번 정도 되지 않는 이상 일반인은 인테리어의 과정을 잘 모른다. 이에 인테리어업자와 관계자에게 인테리어 전부터 전 과정을 꼼꼼하고 상세히 물어봐야 한다. 물론 인테리어업자는 귀찮아하고 싫어하겠지만 그렇게 자주 물어보면 인테리어를 대충할 수 없게 된다. 이 경험은 다음 번 인테리어를 진행할 때 큰 도움이 된다.

② 자주 현장을 확인한다

인테리어 공사를 업자에게 알아서 하도록 맡겨 두어서는 절대 안 된다. 시공 기간 내내 자주 현장에 들러 물어보고 확인하여 시공 기간에 맞춰 공사가 진행되는지 살핀다. 이전에 인테리어를 시공한 지 4년밖에 지나지 않았는데 차단기가 자꾸 떨어져 전기 기술자를 부른 적이 있다. 점검해 보니 전기선을 아끼기 위해 기존에 노후한 전기선을 사용했는데, 그 전기선이 습기의 영향을 받아 계속해서 차단기가 떨어지는 것이었다. 인테리어업자가 전기선을 절약하고자 한 행동이 결국 식당 전체의 문제로 번졌던 일이다. 따라서 자재는 자재 목록에 있는 것으로 하는지 반드시 확인해야 한다. 가끔 생각지도 못하게 터무니없는 방식으로 시공할 때가 있다. 불필요한 선반을 만든다거나 전혀 다른 색을 칠한다거나 하는 것이다. 완성 후에 따져 봐야 늦는다. 되도록 매일 현장을 찾아가서 어떻게 진행되는지 꼼꼼히 살펴보고 사진으로 기록을 남겨 두어야 한다.

③ 모든 소통은 기록으로 남게 한다

공사 기간에 인테리어업자는 식당 업주의 확인 과정을 거쳐 결정해야 하므로 자주 통화하거나 만나서 이야기를 한다. 그때마다 반드시 내용을 기록하고 그 기록이 어딘가 남게 해야 한다. 구두 전달 사항을 꼼꼼히 메모하고 전화 통화는 녹음한다. 모든 결정 사항을 구두로 전달했더라도 카톡이나 문자와 같이 글자로 남기는 것이 사고를 방지하고 책임 소재를 명확히 가릴 수 있다.

④ 주방 공정은 매일 확인한다

인테리어는 콘셉트에 확신을 주는 디자인의 역할도 하지만 상품을 생산하는 공간인 주방을 만들어 내는 역할이 크다. 주방은 내부의 디자인보다 기능에 중점을 둬야 한다. 기능적인 부분에 중점을 두는 만큼 시공 과정을 꼼꼼히 확인한다. 인테리어의 특성상 주방 시공은 과정을 확인하지 않거나 기록하지 않고 덮어 버리면 문제의 원인을 찾기 어렵다. 특히 주방 시공은 매일매일 일정에 맞춰 시공 과정을 확인하고 촬영한다.

⑤ 도시가스, 냉난방기, 후드 설치 일정을 확인한다

공사 기간 중 중간 날짜를 기점으로 도시가스와 냉난방기 설치 일정을 정한다. 후드 설치는 주방 인테리어 중에 시공을 맡기면 되지만 되도록 공조 시공을 맡은 곳에서 마무리하는 것을 권한다.

인테리어 후 확인 사항

인테리어 작업이 다 끝나도 바로 영업장을 열기 어렵다. 구석구석 살펴보면 부족한 부분이 많기 때문이다. 인테리어 작업이 완료되었다 하더라도 기물의 배치나 장비의 위치가 적절하지 않은 곳이 있을 수 있다. 따라서 인테리어가 마무리되기 며칠 전부터 불편하거나 하자가 보이는 부분을 미리 찾아내 인테리어 마감 전에 조치를 취해야 한다.

인테리어 시공 후 점검 방법

모든 빈틈이 잘 메워졌는지 꼼꼼하게 살펴본다. 옆집에서 빈틈으로 해충이 넘어오거나 쥐가 들어올 수 있는 통로가 되지 않도록 주의한다.

사용된 마감재가 제대로 부착되었는지 확인한다. 마감재가 제대로 붙지 않았거나 허술한 부분이 있다면 즉시 조치를 요청한다.

전기 콘센트와 전등이 어느 차단기와 연결됐는지 확인한다. 부적절하게 연결된 차단기를 찾아 조치를 요청한다. 연결된 차단기와 전자 기기는 견출지나

네임택으로 표시하여 추후에 문제 발생 시 빠른 대응이 가능하도록 한다.

- 수도에서 물이 새는 곳이 없는지 점검한다. 특히 수도의 이음새 부분에 물이 샐 가능성이 높으므로 주의 깊게 확인한다.

- 도색이나 마감 시트지에 문제가 없는지 검사한다. 도색은 생각보다 복잡한 공정이므로, 색상 차이나 마감되지 않은 부분이 없는지 확인한다.

- 주방 바닥에 균열이 있는지 살펴본다. 주방 바닥에 균열이 발견되면 누수의 가능성이 매우 높으므로, 특히 벽과 바닥이 만나는 부분과 트렌치 부분의 균열 여부를 확인한다.

- 주방 벽이 울리지 않는지 검사한다. 주방 벽 마감이 허술하여 벽이 울릴 경우, 타일이 떨어질 가능성이 있으므로 이를 살필 수 있는 점검도 필수다.

누수 관리

주방 설계도를 가만히 들여다보면 모든 업무가 '물'의 흐름대로 움직이는 것을 볼 수 있다. 본질적인 면에서 주방을 설계할 때 물의 흐름이 설계의 중심이라고 해도 과언이 아니다. 그만큼 주방에서 물의 흐름에 관여하는 상하수도는 식당에서 매우 중요하다. 그래서 나는 식당 동선을 물의 흐름이라고 정의하기도 한다. 식당에서 물 없이 장사할 수 없고, 물은 식당에서 식재료보다 더 많이 쓰인다. 하지만 물은 생각보다 다루기 쉽지 않다. 누구나 하수구 막힘 현상처럼 대형 사고들도 물 때문에 발생한다. 물은 아주 작은 하자에도 눈에 띄고, 식당에서 골치 아픈 문제를 여럿 만들어 내는 주범이다.

그 예로, 깨끗한 물이 흐르는 상수도가 식당의 외벽과 가까이 있다면 추운 겨울에 얼어 터지기도 한다. 배관이 외부에 노출되어 있다면 쥐가 갉아서 수도관이 터지기도 한다. 또 오래되어 노후한 건물은 누수가 빈번하게 생기기도 한다.

버려지는 물의 통로인 하수도는 오래되면 주기적으로 막혀 하수관을 뚫어 주거나 청소해 줘야 한다. 기름을 자주 사용하는 업종일수록 더 심하다. 자주 막히는 하수구 때문에 영업이 중단되는 경험을 해 본 나는 하수구를 뚫는 전문 장비를 몇 개씩 구비할 정도이다.

상하수도는 설치하고 나면 끝이 아니라 지속적으로 관리를 해야 한다. 그중 가장 심각한 문제는 누수이다. 일반인들은 누수가 상수인지 하수인지 구분하기 어렵다. 누수 사고가 생기면 대부분 전문가를 부르는 이유다. 요즘은 누수 업자를 부르면 살펴보기만 해도 기본 20~30만 원을 출장비로 지불해야 한다. 상하수도의 기본적인 상식을 알고 지속적으로 관리만 해 주면 문제를 예방하거나 해결할 수 있다.

누수를 찾으려면 우선 수사관처럼 행동해야 한다. 이리저리 보고 만지고 냄새를 맡아야 누수의 원인을 찾을 수 있다. 아래로 물이 내려온다는 것은 위에 어디선가 반드시 물이 샌다는 뜻이다. 누수의 원인을 찾았을 때 간단히 해결할 수도 있지만, 때로 해결하기 어렵거나 자칫 큰 공사를 해야 할 수도 있다.

한번은 아래층 가게에서 올라와 자신의 가게 천장에 물이 샌다고 했다. 일단 아래층 천장에 물이 새는 지점을 확인하고 올라온 뒤 매장 바닥에서 위치를 찾아 살펴봤다. 물이 새는 지점을 금방 찾는 경우도 있지만, 찾지 못했다면 누수의 물이 상수인지 하수인지 먼저 구분해야 한다. 문제의 원인은 에어컨 물 펌프의 고장으로 에어컨 물이 펌프에서 넘쳐 아래층으로 새는 것이었다. 원인을 파악한 뒤 신속하게 물 펌프를 교체하여 누수를 잡았다.

식당에서 누수가 추정되는 장소와 원인은 다음과 같다.

- 방수층 균열로 인한 누수
- 제빙기 및 정수기 상수, 하수 라인
- 상수도 연결 부위
- 트렌치나 그리스트랩 주변
- 깨진 타일 틈
- 주방 벽과 바닥의 틈
- 에어컨 물 펌프 고장

우선 다음과 같은 방법으로 누수의 원인을 찾는다.

① 주변 확인

누수가 발견된 날을 기점으로 전날이나 전전날에 누수가 추정되는 위치에서 어떤 작업이 있었는지 확인해야 한다. 보통 물로 대청소를 했다면 갈라진 틈새로 물이 들어가거나 주방 바깥쪽으로 물이 넘쳐 누수가 생기기도 한다. 아래층으로 물이 새는 지점 근처에 갈라진 틈이 있는지 확인한다. 물이 새는 지점이 에어컨이나 정수기가 위치한 곳이라면 거기서 누수가 되었을 가능성이 90% 이상이다. 에어컨의 물 펌프 고장도 누수의 원인일 때가 있다. 한번은 쥐가 정수기 라인을 갉아 누수가 생긴 적도 있다.

② 계량기 확인

누수의 패턴을 본다. 물이 일정하게 계속 대량으로 샌다면 상수일 가능성이 높고 물이 새서 떨어지는 시간이 일정하지 않을 경우 대부분 하수의 문제다. 상수라고 추정되면 물을 모두 잠그고 수도 계량기의 미세 움직임을 살펴본다. 수도 계량기는 민감해서 물이 한 방울씩만 새도 미세하게 움직인다. 정수기나 제빙기 때문에 물을 모두 잠가도 계량기가 돌아갈 수 있다. 이에 정수기나 제빙기의 전원과 수도 연결을 모두 잠가야 한다. 계량기는 보통 어둡고 보기 불편한 장소에 있기 때문에 핸드폰의 플래시를 비추고 고정 촬영을 하는 것도 방법이다. 5분 정도 촬영하면 물이 새는지 안 새는지 금방 알 수 있다. 이때 계량기가 아주 천천히 돌아가는 것을 발견했다면 상수구 어디선가 물이 샌다는 증거이다.

③ 노출 상수 확인

만약 상수에서 물이 새는 것이 확실하다면 일단 노출된 상수 배관 중 어디서 새는지 확인한다. 보통 이음새가 없는 부분에서 새는 확률은 적다. 대부분 이음새에서 누수가 생긴다.

④ 내부 누수 확인

지금까지도 누수 흔적을 발견하지 못했다면 이제는 바닥이나 벽에 묻힌 배관에서 누수를 찾아야 한다. 이럴 때 누수 전문 업자를 불러 해결해야 한다.

⑤ 하수 확인

상수에서 원인을 찾지 못했다면 의심할 곳은 하수이다. 수도 계량기가 돌아갔어도 하수구를 의심할 필요가 있다. 가끔이지만 상수와 하수 두 군데서 동시에 누수가 발생할 때도 있다. 누수된 물 냄새를 맡았을 때 좋지 않은 냄새가 난다면 하수일 가능성이 높고, 일반적인 물 냄새면 상수일 가능성이 높다. 위의 방법으로도 못 찾을 때는 누수 전문가를 불러야 한다. 전문가가 오면 거의 똑같은 방법으로 누수를 찾는다. 이 방법으로도 못 찾는다면 누수 전문가도 장비를 사용해서 누수를 찾을 것이다.

누수 전문가를 부르면 수리 여부를 떠나 일단 최소 20만 원 이상의 출장비가 발생한다. 누수의 원인을 찾았다면 누수를 찾은 누수 전문가를 통해 해결해야 한다. 다른 누수 전문가를 부르면 이중으로 비용이 발생하기 때문이다.

누수가 발견되었다면 급결 시멘트로 해결하지 말고 완결 시멘트를 사용해야 한다. 완결 시멘트는 며칠간의 건조 시간이 필요하다. 급결 시멘트로 해결하면 시공이 빠르지만 나중에 다시 누수가 발생할 가능성이 있다. 그렇기 때문에 영업장의 손실이 발생하더라도 영업장 문을 닫고 서서히 건조하여 완벽한 수리로 한 번에 끝내야 한다. 또 누수로 인해 타 업장에 피해를 입혀 손실을 청구받았다면 화재보험 내의 특약인 '음식물 배상 보험'으로 해결하면 된다.

수압

새로 시작한 식당에서 한창 바쁜 시간에 물이 나오지 않았던 경험이 있다. 일반적인 단수인 줄 알았는데 사실은 수압이 약해서 물이 나오지 않았던 것이다. 방법을 찾다가 별도의 수압 펌프를 장착했다.

수압이 약할 때는 수압 증가용 물 펌프를 달거나 물탱크에 별도의 수압 모터를 달아 사용하는 방법이 있다. 이때 모터를 바닥에 두면 그만큼 공간을 차지하기 때문에 되도록 천장 쪽에 달아야 한다.

하수구 막힘

식당에서 하수구 막힘 현상은 자주 발생한다. 이것은 생각보다 영업장에 큰 피해를 준다. 하수구가 막히면 물이 나오지 않아 영업장을 운영하지 못한다. 주방 바닥이 냄새나는 구정물로 첨벙거리는데 어떻게 영업할 수 있겠는가? 특히 기름을 많이 취급하는 식당은 막힘 현상의 주기가 짧다. 그래서 식당은 주요 배관을 최소 75mm 이상 사용해야 한다. 그래야 막힘 현상이 덜하고 막히더라도 뚫는 데 시간이 오래 걸리지 않는다.

하수구 막힘 현상으로 영업 중단이 되는 사고를 미연에 방지하기 위해 주기적으로 하수구를 청소해 줘야 한다. 하수구가 막혔을 때는 하수구 업자를 부르는 것보다 하수구 뚫는 장비를 사용하거나 요즘 많이 쓰는 샤프트를 사용하는 것도 방법이다.

하수구 막힘 문제를 미연에 방지하기 위한 방법은 다음과 같다.

- 트렌치와 그리스 트랩은 주기적으로 청소한다. 자주 할수록 할 때마다 힘이 덜 들고 악취도 덜 하다.
- 자주 막히는 하수구는 6개월에 한 번 이상 하수구 뚫는 장비를 사용해 청소해 준다(하수구 뚫는 용도의 장비를 구비하는 것이 업자를 부르는 것보다 훨씬 저렴하다).

주의 사항

집합 건물에서 매장 내부가 아닌 외부 메인 하수구가 막혔을 경우 건물 관리실에 연락하여 해결해야 한다.

3장

대박 나는 식당의 비기,^{祕器}
주방 집기의 모든 것

주방을
제대로 관리하지 않으면
돈이 샌다

무더위가 찾아온 한여름. 며칠 전부터 시원찮았던 냉장고에서 냉기가 느껴지지 않았다. 아침에 냉장고 문을 열자 냉기는커녕 따뜻한 온기가 느껴졌고 음식물 쓰레기 냄새도 올라왔다. 냉장고가 멈춘 것이었다. 하필 이날따라 손님은 미어터졌다.

어떤 날은 주방 설거지 아주머니가 다급한 얼굴로 와서 말했다.

"식기세척기가 안 돼요."

가서 확인해 보니 세척기가 돌아가긴 하는데 깨끗한 물이 나오지 않았다. 그렇게 세척기를 고치고 며칠 뒤, 아침부터 찜통이었는데 그날따라 홀 직원들이 땀을 더 뻘뻘 흘리는 것이었다.

"손님들도 덥다고 난리예요."

에어컨 3대 중에 제일 용량이 큰 에어컨이 고장 나는 바람에 에어컨에서 따뜻한 바람이 나오고 있었다. 당장 수습할 방법은 없고, 난처한 마음에 이리저리 방방 뛰었지만 결국 손님들은 욕을 하며 돌아갔다. 땀 흘리며 정성껏 내놓은 음식도 거의 다 남은 상태로 나뒹굴었다.

주방에 필요한 물건과 가구를 구입할 때 보면 100년 정도는 거뜬히 쓸 것처럼 깨끗하고 튼튼해 보인다. 하지만 한두 달만 지나도 냉장고나 냉동고 안은 성에로 가득하고 몇 개월 더 지나면 냉장고 기계실은 먼지로 꽉 찬다. 이렇게 얼음과 먼지가 차면 기계에 무리가 가고 결국 고장의 원인이 된다.

영업용 냉장고와 주방 설비는 생각보다 빠르게 고장 난다. 가정에서 하루 몇 번만 사용하는 냉장고와 달리 영업용 냉장고는 수시로 열고 닫아 냉이 빠져나가면서 그만큼 가동 횟수가 많아지기 때문이다. 이런 장비들을 아무 생각 없이 관리하지 않고 사용하기만 한다면 매월 수리비로 거액을 지출하게 된다. 주방 장비는 얼마나 관리를 잘해 주는가에 따라 수명이 결정된다.

식당을 처음 시작하는 사람들이 이 사실을 알 리 없다. 가정에서는 새 가전제품을 사면 꽤 오래도록 별 탈 없이 쓰니까 비슷할 것이라 생각하는 것이다. 하지만 식당 주방은 다르다. 새것이든 중고든 어떻게 관리해야 하는지 잘 알아야만 앞서 말한 난처한 상황을 면할 수 있다. 그때의 난처함은 정말 말로 표현할 수 없다. 돌아가는 손님들이 '두 번 다시 여기 오나 봐라!' 하는 마음을 먹지 않을까 전전긍긍하며 불안에 떠는 것이다. 주방 관리는 단순한 식당 관리를 넘어 서비스 관리로 이어진다는 점을 반드시 명심해야 한다.

당신이 안다고 착각했던
주방의 기본 집기와 관리 비법

    주방 작업은 대부분 일어선 자세로 진행된다. 하루 10시간을 서 있기만 해도 힘든데 무거운 물건을 들거나 1시간씩 같은 작업을 반복하는 일은 고될 뿐 아니라 고통스럽다. 이런 이유로 식당에서 장기간 일을 하면 여러 지병에 시달리게 된다. 따라서 작업 공간 안에서 최대한 상하 움직임을 줄여 주고 좌우 이동이 편한 설계가 필요하다.

    식당을 시작할 때 매장에 적절한 주방 집기를 선택하기 위해 단순히 기능과 가격만으로 결정해서 안 된다. 식당 주방에서 수백수천 가지의 다양한 메뉴와 요리를 구현하지만 사실 특별한 조리 과정에 사용되는 조리 장비를 제외하고 대부분 비슷한 주방 집기들을 사용한다.

    주방에서 꼭 필요한 조리 기구는 썰고 조리하는 작업대, 재료와 도구를 세척하는 싱크대, 식재료를 보관하는 냉장고, 음식을 조리하는 레인지이다. 이 네 가지는 어느 주방이든 필요한 장비이다. 현대에 와서 형태가 변하고 기능이 업그레이드되었을 뿐, 식당이 생길 때부터 쓰였던 도구들이다. 다양한 메뉴와 조리법이 발달한 현재 식당에서도 꼭 필요한 주방 기구는 동일하다. 하지만 상품력을 지속적으로 업그레이드시키기 위해 더 디테일한 조리 기구가 필요하기도 하다.

냉장고

냉장고는 주방에서 필수 장비이다. 냉장고 없이 식당을 할 수 없다. 원 식재료를 보관하거나 조리된 메뉴를 보관하는 데에도 사용된다. 사용 방법과 냉각 방식에 따라 모양과 쓰임새가 다르다. 가장 중요한 장비인만큼 관리도 잘해야 한다. 냉장고는 특히 무더운 여름에 고장이 많이 난다. 내부에선 냉이 나오지만 외부에선 열이 나오기 때문에 그 열을 식히지 못해 쉽게 고장 난다. 냉장고 수리 기사들도 한여름엔 일정이 꽉 차서 A/S를 신청해도 서둘러 오지 못한다. 빨리 온다 해도 며칠이 걸린다. 냉장고는 한 번 고장 나면 20~40만 원은 우습게 깨진다. 냉장고가 최대한 고장 나지 않게 잘 관리해 주는 것이 상책이다.

냉장고 구조

냉장고의 원리까지 이해할 필요 없다. 하지만 냉장고의 구조는 알아야 나중에 고장이 났을 때 어디를 고치고 무엇이 원인인지 알 수 있다. 냉장고는 간단하게 압축기(컴프레서), 팬모터, 라디에이터, 컨트롤러로 구성된다. 이렇게 나열한 냉장고의 각 부속마다 고장 났을 때 증상이 다르다.

냉장고 종류

스탠드 냉장고

선 채로 식재료를 빨리 꺼낼 수 있어 피로도가 덜하다. 요즘은 냉장고 외부 상부 공간에도 선반을 넣어 수납공간으로 사용한다. 또 냉장과 냉동을 위아래 중 선택하여 주문할 수도 있다.

- 기능: 곧바로 조리할 때 사용하기보다 식재료를 보관하는 용도로 사용한다.
- 종류: 65박스, 45박스, 25박스, 35박스
- 확인 사항: 간접 냉각 방식과 직접 냉각 방식을 선택한다. 식재료의 특성에 맞게 사용한다.

작업대 냉장고

작업대와 냉장고, 이 두 기능을 동시에 지닌다. 좁은 주방에서 유용하게 사용할 수 있다. 상부 선반이나 벽 선반, 까치 선반을 걸어 한 공간에서 다양한 조리를 가능하게 한다.

토핑 냉장고

작업대 냉장고의 업그레이드 버전으로, 작업 공간에 냉장 기능을 넣어 허리를 숙여 작업대 냉장고 내부에 있는 식재료를 꺼내는 불편함을 줄였다. 작업자에 따라 상부 토핑 부분은 다양한 형태로 주문이 가능하다. 조리자가 음식을 완성한 뒤 조리 식재료를 바로바로 넣을 수 있는 위치에 놓는다.

종류: 최소 사이즈는 보통 900×700×850mm이지만 주문형은 600×600×850mm까지도 가능하다.

참치 냉동고

일반 냉동고는 영하 20℃까지 떨어뜨리지만 참치 냉동고는 일반 냉동고와 다른 가스를 사용하여 영하 50℃까지 내릴 수 있다. 참치 냉동고에 보관하면 냉동품도 원상태로 장기간 보관이 가능하다.

서랍 냉장고

작업대 냉장고의 업그레이드 버전으로, 즉시 조리하는 간택기 아래에 두어 자주 꺼내 써야 하는 식재료를 꺼내기 쉽게 하기 위해 설계한 냉장고이다. 냉장고 문을 전부 열어 식재료를 꺼내는 것이 아니라 필요한 품목의 서랍만 당겨 꺼내는 방식으로 좁은 주방에서 빠른 조리를 할 때 매우 유용하다.

아이스크림 냉동고

일반 냉동고와 비슷한 기능이지만 기계실이 작고 냉동 용량이 크며 냉이 강해서 좁은 주방에서 자주 사용한다.

워크인 냉장고

말 그대로 사람이 걸어 들어가는 냉장고이다. 워크인은 대량의 원물 식자재를 보관할 때 사용하는 냉장고로, 자주 쓰는 식재를 보관하는 용도로는 추천하지 않는다. 워크인 냉장고는 냉장 보관 물품이 많은 관계로 되도록 중고보다 새것을 권유한다. 새 제품 설치 시 5평 기준으로 650~850만 원 선이다.

냉기를 전달하는 방식

냉장 냉동고는 냉기를 전달하는 방식에 따라 직접 냉각 방식과 간접 냉각 방식으로 나뉜다. 직접 냉각 방식은 냉장고 벽면 안에 냉 파이프를 묻어 내부 공기를 차갑게 만드는 방식이고, 간접 냉각 방식은 팬으로 냉기를 순환시키는 방식이다. 더 쉽게 설명하자면 직접 냉각 방식은 얼음으로 음식을 시원하게 하는 것이고, 간접 냉각 방식은 얼음에 팬을 돌려 냉장고 내부를 시원하게 만드는 것이다.

직접 냉각 방식의 냉장고(직냉방)
· 간접 냉각 방식의 냉장고보다 가격이 30~50% 정도 저렴하다.
· 냉장고 중심부로의 냉기 전달이 늦는 편이고, 내부 구역에 따른 온도 편차도 크다.
· 온도 편차가 크기 때문에 엽채류의 보관이 용이하지 않다(냉이 센 곳은 언다). 고형물이나 액체 보관 시에 좋다.
· 냉장고의 온도 회복력이 느린 편이다. 냉장고를 자주 여닫을 경우 냉기 전달이 늦어져 식재료가 쉽게 변질된다.

간접 냉각 방식의 냉장고(간냉방)
· 냉각 팬이 작동하여 냉장고 중심부로 냉기 전달이 빠른 편이고 공간의 온도 편차도 적다.
· 온도에 민감한 식재료 보관에 용이하다.
· 냉장고의 온도 회복력이 빠르다. 냉장고를 자주 여닫아도 냉기 전달이 빨라

- 식재료에 온도 변화가 적게 생긴다.
- 내부에 냉각 팬이 달려 있어 직냉방보다 공간이 10~20% 정도 작다.
- 고장 났을 경우 직냉방보다 수리비가 비싸다.
- 제상 기능(성에를 제거해 주는 기능)이 있어 직냉방보다 성에가 덜 생긴다.

냉장고 외부 재질에 따라 메탈과 스테인리스 두 종류가 일반적이다. 또 전원 장치의 컨트롤 방식에 따라 디지털 방식과 아날로그 방식이 있다. 아날로그 방식은 온도 편차가 약 6°C로 편차가 심해 식재료의 관리가 그만큼 어렵고 변질이 쉽다. 하지만 디지털 방식은 편차가 2°C 이하이기 때문에 정확한 온도 관리가 가능하다. 디지털 방식이 10만 원 이상 비싸지만 냉장고는 디지털 방식을 추천한다. 메탈 재질의 냉장고는 몇 년 안되어 외부 부식이 쉽게 된다.

확인 사항

- 냉장고를 구매할 때 동선에 따라 냉장고의 기계실 위치를 정해야 한다(스탠드 냉장고를 제외하고는 기계실의 위치를 정할 수 있다).
- 냉장고의 기계실은 가능한 한 열기가 바깥쪽으로 잘 빠질 수 있는 곳에 위치해야 한다. 기계실 쪽은 낮은 레인지와 같은 가열 조리 집기가 가까운 쪽은 피한다.
- 보통 기계실이 왼쪽이면 문손잡이도 문의 왼쪽에 위치한다. 문을 열고 사용하는 과정에 불편함이 없도록 기계실에 따른 문손잡이 위치도 확인해야 한다.

냉장고 관리 방법

식당에서 냉장고가 없다고 상상해 보자. 도저히 식당을 운영할 수 없는 상황이 그려질 것이다. 그만큼 냉장고는 식당에서 가장 중요한 장비다. 아무리 작은 식당이라도 냉장고 한 대로 영업을 한다는 것은 어림도 없다. 식당에는 최소 3~4대 이상 냉장고가 필요한 것이 현실이다.

이렇게 중요한 장비임에도 불구하고 업주들은 그것을 사용하는 방법이나 관리하는 방법을 잘 모른다. 매입된 식자재를 냉장고에 잘 넣어 두면 된다고 생각한다. 식당은 공간이 협소해서 여유 공간을 두기 어렵다. 이에 냉장고가 갑자기 고장이라도 나면 식자재들을 마땅히 보관할 곳이 없어 낭패를 겪는다. 냉장고의 간단한 구조를 미리 알아 두고 주기적으로 관리해 준다면 자주 발생하는 냉장고의 고장을 줄일 수 있고, 나아가 냉장고의 수명을 늘릴 수 있다. 또 냉장고의 가동률을 최적으로 만들어 전기세를 줄여 주는 효과도 있다. 상태가 시원찮은 냉장고는 식재료의 신선도를 떨어뜨리고, 결국 상품력의 저하를 불러온다.

영업용 냉장고를 사용할 때 불편한 점은 내부에 생기는 얼음과 물이다. 이 얼음과 물은 외부의 온도와 내부의 온도 차로 생기는 결빙 현상의 지표이다. 우리가 시원한 음료를 먹을 때 표면에 생기는 물과 같다. 냉장고 내부에 얼음이 생겨 쌓이면 냉장고는 정확한 온도 감지를 못해 제대로 된 기능을 하기 어렵다. 그렇게 되면 무리하게 가동되거나 아예 가동이 되지 않기도 한다. 그래서 냉장고 내부에 얼음이 어느 정도 생기면 청소해 줘야 한다.

직접 냉각 방식의 냉장고(직냉방)

직냉방은 여름, 특히 장마철처럼 습도가 높은 환경이 되면 관리하기가 번거롭다. 습도가 높아서 냉장고 내벽에 얼음(성에)이 빨리 생기기 때문이다. 그래도 간냉방과 달리 얼음이 어는 과정을 눈으로 확인할 수 있다. 얼음이 많이 생겨 그 얼음이 두꺼워지면 냉장고를 끄고 문을 세 시간 정도 열어 두면 된다. 그렇게 하면 서서히 얼음이 떨어지기 시작한다. 냉장고 문을 열고 선풍기를 틀어 두거나 물을 뿌리면 얼음을 금세 녹일 수 있다.

간접 냉각 방식의 냉장고(간냉방)

간냉방은 앞서 말했듯 성에 방지를 위해 제상 기능이 있기도 하지만, 때로 냉을 뿜어내는 부분에 성에가 생길 때가 있다. 이렇게 되면 냉장고 내부의 온도가 떨어지지 않는다. 특히 자주 여닫는 서랍 냉장고의 경우가 그렇다. 증상은 온도가 떨어지지도 올라가지도 않고 10~15℃ 사이를 유지한다. 냉기를 뿜는 곳에 얼음이 붙어서 그런 것이다. 이럴 땐 일단 냉장고 콘센트나 전원 차단기를 내리고 문을 모두 열어 둔 다음 하루 정도 둔다. 다음 날 다시 냉장고를 켰을 때 온도가 떨어지면 얼음이 녹은 것이다. 간냉방 냉장고도 여름에는 일주일에 한 번씩 냉장고를 끄고 청소하는 것이 좋다.

냉장고 청소

우선 전원 선을 뽑는다. 내부에 물을 뿌리거나 선풍기를 가동해 쌓인 얼음을 녹인다. 하지만 물을 뿌리다가 기계실로 물이 들어가면 냉장고를 하루 이틀 못 쓰게 되기 때문에 웬만하면 선풍기를 이용하여 얼음을 제거하는 것이 더 안전하다. 얼음이 어느 정도 떨어지면 딱딱한 나무나 플라스틱 막대기로 얼음을 살살 때리고 긁으며 제거한다. 이때 주의할 점이 있다. 빠르게 해결한다고 뾰족하고 날카로운 도구로 얼음을 깨면 냉장고에 구멍이 날 수 있다. 직냉방은 냉장고 내벽에 냉 배관이 지나가기 때문에 잘못하면 그 냉 배관을 파손시킬 수 있다. 이렇게 냉 배관이 파손되면 수리도 할 수 없고 냉장고를 폐기해야 한다. 청소 시간은 오래 걸리지 않는다. 이렇게 얼음이 떨어지면 물기를 제거하고 30분 정도 환기했다가 다시 식재를 넣고 냉장고를 가동한다. 가동 후 냉기가 정상적으로 나오는지 확인한다. 청소는 얼음이 낄 때마다 하지만 되도록 주기적으로 하는 것이 좋다. 청소를 하면 냉장고 깊숙이 보관된 알 수 없는 오래된 식재들도 깔끔하게 처리가 가능해 결과적으로 냉장고의 공간을 효율적으로 사용할 수 있다.

기계실 청소와 관리

냉장고에 붙은 기계실은 열을 발생시킨다. 주방이 좁기 때문에 냉장고를 주로 벽에 바짝 붙이게 되는데, 만약 이 기계실 옆쪽이 막힌 상태에서 기계실 앞쪽까지 막아 버리면 기계실의 열을 식혀 주지 못해 고장 난다. 냉장고 기계실의 통풍을 방해하지 않도록 기계실의 앞이나 옆을 막지 않도록 한다.

45박스나 25박스 냉장고와 같은 스탠드형은 기계실이 최상부에 있고, 작업대 냉장고나 토핑 냉장고 같은 작업대형 냉장고는 모두 하부 좌측이나 우측에 있다. 이 기계실 관리를 잘해 주어야 냉장고의 고장을 줄일 수 있다.

기계실 관리를 잘하는 것은 기계실 내부의 먼지를 자주 제거해 주는 일이다. 이 먼지들만 제거해 줘도 통풍이 잘되어 여간해서 냉장고가 고장 나지 않는다. 냉장고를 오래 사용하면서 최상의 냉각 상태를 유지하는 방법은 3개월에 한 번 정도 라디에이터 부분의 먼지를 깨끗이 제거해 주는 것이다.

청소 방법

1 전원 선을 뽑거나 차단기를 내린다.
2 에어컨 청소용 용액을 구입하여 용액을 분무기에 넣는다.
3 칫솔과 같은 솔로 라디에이터 부분의 먼지를 조심스럽게 긁어 어느 정도 먼지를 제거한다. 마스크를 착용한 뒤 라디에이터에 분무기로 용액을 뿌린다.
4 너무 멀리서 뿌리면 용액이 사방으로 날아가니 가까이서 뿌려 라디에이터에 묻게 한다.
5 10분 정도 후에 칫솔로 먼지를 한 방향으로 문질러 제거한다.
6 제거 후 한 번 더 용액을 뿌린다.
7 6시간 후에 냉장고를 가동시키고 냉기 여부를 확인한다.

라디에이터는 냉장고 기계실의 열기를 식혀 주는 역할을 한다. 이곳에 먼지가 쌓이면 열기가 잘 식지 않아서 가장 비싼 부속이 고장 날 수 있다. 이에 라디에이터 청소는 반드시 정기적으로 해 줘야 한다. 청소하는 방법을 모른다면 봄을 기점으로 냉장고 수리 기사를 불러 라디에이터 청소를 의뢰한다. 인건비가 들어가긴 하지만 나중에 발생할 수리비보다 저렴하다.

냉장고 점검표를 만든다

디지털 냉장고의 경우 온도가 표시되는 온도계가 있지만 저렴한 일반 냉장고에는 온도 표시가 되지 않는다. 이에 냉장고 내부에 온도를 표시할 수 있는 온도계를 장착한다. 마감 때마다 온도를 표시하면 퇴근 후에도 냉장고가 제대로 작동하는지 알 수 있다. 매일 마감 시에 냉장고 온도를 확인하는 일을 마감 점검 사항에 넣는다. 온도계가 없는 냉장고는 양호한지 계속해서 점검해야 하고 차단기 확인까지 철저히 이루어져야 한다. 냉장고가 꺼졌는지 켜졌는지 직원들은 크게 관심을 두지 않기 때문이다. 냉장고 점검표 항목에는 점검 날짜, 청소 날짜, A/S 전화번호, 수리 날짜와 수리 내용 등을 넣는다.

식재료를 80% 정도만 채워 사용한다

냉장고에 식재료를 너무 많이 채워 사용하면 냉장고 내부의 냉기 순환이 원활하지 않다. 그렇게 되면 어느 곳은 얼고, 냉기가 잘 가지 못하는 곳은 음식이 적절한 온도에서 보관될 수 없다.

위생적이고 균일한 사이즈의 용기를 사용한다

주방 식자재로 사용된 고추장 통이나 소스 용기들을 냉장고에 보관용으로 사용하는 경우가 많다. 그런 것들은 모양이 일정하지 않아 공간 손실이 생긴다.

냉장고에 보관하는 용기는 반드시 위생적이고 튼튼한, 일정한 사이즈의 밧드나 플라스틱 용기를 사용해야 공간의 낭비를 막을 수 있다. 그리고 원형 용기는 사용하지 않아야 한다. 믹싱 볼이나 원형 바구니와 같이 원형 용기는 주방에서 보관용이라기보다 조리용으로 사용해야 한다. 냉장고 내부 모양이 사각이기 때문에 냉장고에 보관하는 용기는 되도록 사각으로 사용해야 내부 공간의 낭비가 없다.

싱크대

싱크대는 식재료와 식기, 조리 도구 등을 세척하기 위한 주방 집기이다. 용도에 따라 다양한 형태와 크기로 만들어진다.

싱크대 종류
· 원통형 싱크대: 물통만 있는 형태로 물통을 구분 지어서 만들 수 있다.
· 작업대형 싱크대: 싱크대에 세척 후 올려놓을 수 있는 작업대가 있다.
· 특수형 싱크대: 생선을 잡는 싱크대나 식기세척기형 싱크대처럼 특수한 목적으로 만들어진다.

싱크대 크기
물통 바닥이 지면에서 750mm 정도 떠야 한다. 일반적인 싱크대의 상부까지 높이는 950mm이다.

확인 사항
· 싱크대는 높이 850mm이지만 작업자의 키가 165cm가 넘을 경우 약 50mm가량 더 높여야 한다. 싱크대는 작업대와 달리 물통 안으로 손을 넣고 작업하기 때문에 그만큼 높이가 작업대보다 높아야 작업자의 허리가 덜 아프

고 피로도가 줄어든다(단, 옆 작업대와도 높이를 맞춰야 하기 때문에 전체적인 높이는 작업자와 상의하여 맞춘다).

싱크대의 물통 사이즈가 가로 900mm 이상 넘어갈 경우 물통의 재질은 일반 스테인리스 제품(SUS201)보다 더 튼튼한 재질의 제품(SUS304)을 사용해야 한다. 스테인리스 함량이 높은 재질을 사용하지 않으면 시간이 지나 구멍이 나거나 균열이 생겨 내려앉을 수도 있기 때문이다. 또 재질이 얇을수록 싱크대에 물을 채우면 꿀렁거리는 현상이 생긴다.

싱크대 물통 부분을 스테인리스 제품(SUS201)을 사용하면 물통이 깨지거나 샐 수 있다. 또 물통 사이즈가 크면 물통 전체가 꿀렁거리다가 밑으로 빠져 버리는 경우도 종종 발생한다. 싱크대 물통이 클수록 크기가 있는 제품(SUS304)을 사용해야 한다.

온수기

온수기는 식당에서 필수로 설치해야 하는 시설이다. 일반적으로 온수를 쓰기 위해 가스 온수기를 사용하는데, 가스 온수기는 배기 배관을 반드시 건물 밖으로 노출하도록 하는 규정이 있다. 밖으로 배관을 빼지 못하면 가스 시설 허가가 나지 않는다. 하지만 영업장의 환경에 따라 가스 온수기를 사용하지 못하는 영업장도 있다. 이럴 경우 보통 전기온수기를 사용하는데 전기온수기는 온수 생산량이 가스 온수기의 30%도 따라가지 못한다.

온수기 종류

가스 온수기
연소 배관이 건물 외부로 나가야 하기 때문에 설치가 어려울 때가 있다. 그러면 연소 배관을 길게 해서 외부로 빼면 되지 않을까 생각하겠지만, 연소 배관의 길이는 법적으로 3m를 넘을 수 없다. 가스보일러의 적정 용량은 10평 기준으로 최소 10L 이상은 사용해야 한다.

전기온수기
가스 온수기 설치가 어려울 때 전기온수기를 설치한다. 전기온수기는 순간 발열량이 가스 온수기를 따라갈 수 없다. 전기온수기의 물통이 커 보여 온수가 충분한 것처럼 보이지만 전기온수기가 웬만큼 커도 자그마한 가스 온수기의 온수 공급량을 따라가기 어렵다. 사실 전기온수기는 식당에서 적절하지 않다. 전기온수기는 물 사용량이 비교적 적은 카페나 분식집에 적절하다.

전기온수기 설치 시 유의사항
30평 기준 매출 3,000만 원 식당의 경우 최소 200L 정도의 전기온수기 사용을 권장한다. 매출이 더 올라가면 이것도 사실 넉넉한 용량은 아니지만 가스 온수기 크기만 보고 전기온수기도 비슷한 사이즈로 설치했다가 큰 낭패를 본다. 전기온수기 200L는 상당히 사이즈가 커서 반드시 주방 내부에 미리 위치를 잡아서 설치한다.
바닥에 두기보다 되도록 높은 천장에 달아 두어야 효율적인 공간을 만들 수 있다.

- 전기온수기는 온수를 충분히 공급하기 어렵기 때문에 식기세척기 구매 시 온수가 나오는 식기세척기를 사용한다.

작업대

재료들을 다듬거나 조리하는 공간으로, 상부에 작업대보다 작은 조리 기구를 올려놓고 사용한다. 허리 높이에서 작업하기 때문에 바닥에서 작업하는 것보다 피로도가 덜하다. 스테인리스의 재질에 따라 가격이 나르다. 20년 전의 제품들은 대부분 304계열이었지만 지금은 작업대의 다리 쪽에만 304계열을 사용한다. 작업판이나 판 아래쪽 보강대는 201계열을 사용한다. 304계열은 니켈 함량이 높아 녹이나 부식이 잘 일어나지 않지만 201계열은 녹이나 부식이 일어난다. 하부 쪽에는 식재나 식기, 조리 도구 등을 보관할 수 있다. 중국에서 판매하는 조리 기구 중 대부분이 트레인리스 SUS201 제품들이다.

작업대는 주문 제작보다 주방에서 가장 많이 사용하는 기성 사이즈의 제품들로 미리 생산해 판매한다. 기본 사이즈에서 길이가 300mm씩 늘어나면서 가격 차이가 생긴다. 가장 일반적인 작업대는 가로세로 높이가 600×600×850mm인 2단 작업대이다. 하지만 주방 기구들의 폭이 보통 600~750mm이기 때문에 그 폭에 맞춰서 주문하는 경우가 많다. 하부에는 선반의 수에 따라 2단과 1단으로 구분되는데, 수납할 물건의 높이에 따라 2단과 1단을 선택한다.

작업대 높이 결정

가장 편안한 작업대의 높이는 작업자의 배꼽 높이에서 50mm 정도 위가 적당하다. 일반적으로 자신의 키를 반으로 나누고 50mm를 더하면 그것이 나에게 피로도가 가장 낮은 작업대의 높이이다(여성과 남성의 키에 따라 작업대 하부의 다리 부분을 돌려서 올리고 내려 약 50mm까지 높이를 조절할 수 있다).

작업대 종류

1단 작업대

하부가 1단으로 제작되었다. 높이가 높은 물건을 넣을 때 사용한다.

2단 작업대

하부가 2단으로 제작되었다. 높이가 낮고 더 많은 수납을 원할 때 사용한다.

캐비넷 작업대

문이 달렸거나 사방이 막힌 작업대이다. 오픈형보다 깔끔하다.

가스대

일반 작업대 높이는 800~850mm이지만 가스 받침대는 높이가 550~600mm이다. 가스레인지나 밥솥 같은 것을 올려 두고 사용하는 것이 좋다.

작업대는 기본 모양이 정해진 상태지만 놓이는 위치에 따라 상판에 음식물이나 작은 조리 도구가 넘어가지 않게 뒤판을 세우기도 한다.

일반적인 작업대 사이즈 [가로×세로×높이(mm)]
- 600×600×850
- 900×600×850
- 1200×600×850
- 1500×600×850

확인 사항

예전에 생산되던 작업대나 싱크대의 디리는 두꺼운 원형 형태로 만들어졌지만, 요즘은 좀 더 얇고 탄탄한 사각형의 다리 형태로 만들어지는 추세다. 더 넓은 작업 공간과 수납공간을 확보하기 위해서다.

주방의 벽에 붙여 사용하는 경우 작업대 상판 뒤쪽에 뒤판을 약 100mm가량 세워 뒤로 음식물이나 작은 조리 도구가 넘어가지 않게 보강한다.

정수기

정수기는 식당에서 없어서 안 되는 장비다. 상수도 물을 식수로 사용하기 부담스럽기 때문에 손님에게 물을 제공하거나 조리수를 사용할 때 영업장 내에서 자체 정수를 하여 사용한다. 손님에게 생수를 구입해 제공하는 방법도 있지만 손님이 많은 영업장은 비용 부담 때문에 생수를 냉장 보관하기 어렵다. 테이블 회전이 적은 고깃집이나 횟집에서만 가능하다.

정수기는 종류도 다양하고 금액도 다양하다. 예전 정수기는 물통이 있는 형태였지만 지금은 물통 없이 직수 형태의 정수기들이 생산된다.

소형 정수기들은 냉수 출수량이 적어 물을 어느 정도 받으면 냉수가 잘 나오지 않는다. 큰 정수기도 마찬가지다. 냉수를 몇 번 받아 사용하면 금세 냉수가 나오지 않는다. 이에 나는 소형 정수기를 중고로 구입하고 제빙기를 이용하는 방식으로 사용한다. 소형 정수기는 중고로 5만 원이면 구매가 가능해서 매월 5만 원 이상씩 지출하는 정수기 할부를 지급하지 않아도 된다. 제빙기는 구입하고 1년에 10만 원 정도의 필터 교체만 해 주면 된다. 소형 정수는 자리를 덜 차지하고 물을 받을 때도 정량을 받을 수 있어서 물이 채워질 때까지 대기하지 않아도 되는 장점이 있다.

정수기 종류

홀에서 일반적으로 사용하는 정수기와 주방에서 조리수 용도로 사용하는 필터가 큰 대용량 정수기가 있다.

확인 사항

- 소형 정수기를 중고로 구입한 후 설치가 어렵다면 정수기 설치 업체를 불러서 설치한다. 필터는 교체가 쉬워 업주가 직접 교체하면 된다. 이렇게 중고 소형 정수기를 구입하면 연간 약 40만 원 이상 정수기 임대료가 절약된다.
- 조리수용 정수는 업체를 이용하거나 대용량 정수 필터를 직접 구매해 설치할 수 있다.

냉난방기

냉난방기의 위치를 사전에 정하지 않고 인테리어에 들어가면 막상 냉난방기를 놓을 적당한 위치를 찾지 못하거나, 놓는다 해도 인테리어를 해칠 수 있다.

식당에서 냉난방기는 필수 장비이다. 특히 냉방기, 즉 에어컨 없이는 절대 영업이 불가능하다. 냉방기와 난방기 두 가지 기능을 모두 갖춘 냉난방기가 있다. 20여 년 전부터 인버터식 냉난방기가 출시되어 그전보다 전기료가 줄었지만 여전히 식당에서 냉난방기로 인한 전기세 비율이 높은 편이다. 냉난방기를 잘 관리하기 위해 매장에 맞는 용량의 냉난방기를 설치하고 주기적인 관리(실외기 청소, 내부 순환망 청소 등)를 해 줘야 한다. 그래야 냉방기나 난방기가 최고의 효율을 낼 수 있다.

스탠드 냉난방기

하부의 공기를 빨아들여 냉기를 만들어 내기 때문에 가장 효율이 좋다. 하지만 별도의 자리가 필요하고 골고루 냉난방이 되지 않기 때문에 위치 선정이 어렵다.

천장형 냉난방기

천장형 냉난방기는 가격이 좀 더 비싸지만 자리를 차지하지 않고, 골고루 냉기와 열기를 전달해 준다. 하지만 홀에 화기를 두고 테이블에서 음식을 조리해 먹는 테이블 가스버너나 고깃집의 경우 천장형 에어컨은 피한다. 천장형 에어컨은 가장 위에 있는 따뜻한 공기를 빨아들여서 냉기를 만들어 내는 방식인데 천장에 열기와 유증이 많은 고깃집은 효율성이 떨어지고 고장이 잦다. 이런 매장은 자리를 차지하더라도 되도록 스탠드형으로 해야 한다.

벽걸이형 냉난방기
벽걸이의 경우 용량이 작아서 룸이나 공간이 작은 구역에 설치한다.

홀에서 조리하는 식당들은 냉방 용량도 평수의 4~5배 정도로 사용해야 한다. 고깃집은 특히 홀의 열기가 심해서 냉방 용량을 높여도 한여름에는 시원하게 느껴지지 않는다. 예를 들어 매장의 실평수가 40평이라면 에어컨이 4~5대 정도 필요하다. 카페와 일반 식당의 경우 출입문의 개수에 따라 다르지만 보통 평수의 3배 정도가 적절하다.

영업장별 냉방 용량 비교
- 카페, 패스트푸드점: 매장 실평수 2배
- 일반적인 음식을 판매하는 식당: 매장 실평수 3~4배
- 테이블에 끓이는 화구가 있는 식당: 매장 실평수 3~4배
- 테이블에서 고기를 굽는 고깃집: 매장 실평수 4~5배

확인 사항
주방 냉방은 외부에서 냉방 공기를 유입하여 천장을 통해 바로 작업자의 머리로 떨어지게 하는 것이 가장 효율적이다. 하지만 비용이 많이 들기 때문에 쉽게 할 수 없다. 주방 내부에서 천장형을 사용할 경우 냉방기의 냉방 능력이 급격히 떨어진다. 주방 내부는 천장의 온도가 가장 높기 때문이다. 그렇다고 덩치가 큰 스탠드형 에어컨을 주방

에 설치하기란 부담스럽기 때문에 벽걸이형 에어컨이 가장 효율적이다. 이것도 주방 전체를 시원하게 할 수는 없지만 작업자의 바로 머리 위쪽에 설치하면 어느 정도 시원한 바람을 맞을 수 있다.

식기세척기

지금은 식기세척기 보급률이 높지만 이렇게 식기세척기를 사용하기 시작한 것은 오래되지 않았다. 인건비가 저렴했던 시절에 군이 식기세척기의 필요성을 못 느꼈기 때문이다. 식당에서 식기세척기는 냉장고만큼 필요한 것은 아니지만 요즘에는 필수 품목이다. 식기세척기 유무의 차이는 극명하다. 일일이 손으로 식기를 세척해 건조까지 하는 것은 힘들다. 대형 식당이나 매출이 꼭대기를 찍는 상황이라면 더욱더 그렇다. 식기세척기 종류가 다양해지고 보급률이 높아지면서 가격은 그전보다 많이 저렴해졌다.

도어형 식기세척기
상하 개폐 방식으로 세척기 바구니에 식기를 올리고 문을 내리면 내부에서 약 1분간 세척과 헹굼을 실행한다. 헹굼 시 뜨거운 물을 사용하므로 세척기에서 식기를 꺼내면 빠르게 건조된다. 온수기가 자체에 달린 것과 외부에서 온수를 공급해 줘야 하는 두 가지 방식이 있다. 가격은 100만 워 초반대에서 200만 원까지 한다.

랙 컨베이어형 식기세척기

식기가 많은 대형 매장에서 주로 사용한다. 일반 개폐식보다 식기 세척 속도가 빠르지만 그만큼 2배 이상의 공간이 필요하다. 가격은 300만 원~500만 원까지 한다.

초음파 식기세척기

간단히 말하면 안경 초음파 세척기와 원리가 같다. 초음파로 식기에 붙은 음식물 찌꺼기를 떼어 내는 방식이다. 기름때같이 잘 떨어지지 않는 때에 탁월한 효과가 있다. 하지만 초음파 식기세척기가 있어도 일반 식기세척기가 필요하다. 게다가 초음파 식기세척기는 소음 문제가 있기 때문이다. 지금은 소음이 덜한 제품도 있지만 가격이 비싸 작은 식당에서는 굳이 필요가 없다. 바로바로 세척하지 않아도 되는 대형 식당에서 도움이 되는 식기세척기다. 가격은 작은 것이 200만 원 정도이고, 큰 것은 500만 원까지 한다.

와류 식기세척기

싱크대에 물 순환 모터를 달아 물이 순환하면서 식기를 닦아 주는 기능을 하는 세척기이다. 작은 식당에서는 초음파 식기세척기보다 효율성이 높다. 가격은 100만 원 중반에서 400만 원 중반 정도이다.

플라이트형 식기세척기

가장 큰 식기세척기로, 대형 식당이거나 대형 단체 급식소 같은 곳에서 사용된다. 2~3개 정도의 온수 탱크가 달렸고, 식기를 랙에 꽂아서 사용하는 방식이 아니라 식기를 넣으면 자동으로 식기가 세워져 세척되는 방식이다. 가격은 2,000~4,000만 원 사이이다.

식기세척기를 사용하려면 온수 공급이 되어야 한다. 온수를 공급하는 방식은 온수 보일러가 있는 주방에서 문제가 되지 않지만 온수 공급이 원활하지 않은 주방(전기온수기를 사용하는 주방)에서는 온수 탱크가 장착된 식기세척기가 필요하다.

식기세척기에는 세제와 린스 두 가지를 공급해 주는 장치가 있다. 일반적으로 세제와 린스는 식기세척기 싱크대 아래에 두고 사용한다. 세제는 식기를 세척할 때 사용하는 것이고, 린스는 세제를 중화시키고 거품을 방지해 빨리 건조되도록 하는 역할을 한다. 이 두 가지의 용량이 떨어지지 않도록 틈틈이 확인해야 한다.

간택기

음식을 조리하는 가열 기구로 가장 일반적이고 저렴한 가스레인지다. 가정용보다 화력이 세고 LPG용과 LNG용이 있다. 간택기에서 사용하는 화구의 용량에 따라 1열과 2열로 나뉜다. 2열은 1열보다 3배 정도 화력이 세다. 2인 이상 조리하는 아구찜이나 닭도리탕과 같은 다인분용을 조리하는 메뉴에 적합하다. 1열의 경우 화력은 작지만 여러 개를 사용할 수 있어서 뚝배기 같은 1인 1조리 음식을 하는 영업장에서 주로 사용한다.

간택기 하부는 서랍 냉장고나 조리 기구를 수납하는 공간으로 활용되기도 한다.

간택기 종류

가스 용량 대비 효율성을 강조한 제품도 있고, 레인지 위로 이물질이 떨어졌을 때 막힘을 방지하는 제품도 있다. 파스타나 제육볶음과 같은 1인 1조리 메뉴는 좀 더 빠른 조리를 위해 불이 세고 불구멍이 많은 2열 화구로 조리해야 한다. 뚝배기나 1인 냄비를 조리하는 식당은 주로 1열 화구가 들어간 간택기를 선택한다.

확인 사항

간택기는 점화 방식이 불편한 편이다. 또 음식물이 가스가 나오는 구멍으로 떨어져 자주 막힌다. 가스 화구별로 점화가 되는 방식의 레인지도 시중에 많이 있다. 하지만 2열은 아직까지 이런 자동 점화 방식이 없다. 간택기도 판매하는 메뉴에 따라 형태를 결정한다. 간택기 하부에 조리 냄비나 팬을 둘 수 있게 수납공간으로 활용할지, 서랍 냉장고를 넣어야 할지 결정한다. 장단점이 있지만 주방이 좁지 않다면 하부에 서랍 냉장고를 추천한다.

인덕션

주방의 혁명이라고 할 만큼 신기한 조리 장비이다. 전기 에너지를 열에너지로 전환하는데 일반 전기 레인지와는 다르게 전류를 보내 자력선을 발생시켜 용기의 철 성분에 발열을 시키는 방식의 가열 기구이다. 인덕션은 유해 가스를 발생시키지 않고 용기 이외에 열을 전달하지 않아 주방을 쾌적하게 한다.

인덕션의 장점

- 전기 용량이 큰 제품이지만 전기를 많이 사용하지 않는다(순간적인 발열을 위해 전기 용량이 크다).
- 가스 사용료보다 저렴하다.
- 용기 이외에 발열이 없어 주방의 열기가 덜하다.
- 인덕션은 발열이 사이드에서 발생해 튀김기의 경우 기름의 산패 속도가 현저히 더디다.
- 정확한 조리 온도별 시간 세팅이 가능해 표준화된 조리법을 개발할 수 있다.
- 복사열이 없어 한 구역에서 다수의 조리가 가능하다(같은 길이와 폭에서 화구 수를 2배 정도 많이 설치할 수 있다).
- 고장율이 높지 않다.

인덕션의 단점

- 인덕션 장비는 같은 기능의 가스나 전기 장비보다 3~4배 정도 가격이 높다.
- 필요한 전기 용량이 높아 거의 대부분 영업장에 승압을 해야 한다.
- 용액의 점도가 낮은 액체는 가스와 전기 레인지보다 빨리 끓지만 점도가 높아질수록 끓는 시간은 가스보다 더 걸린다.
- 당도가 높은 용액은 맛의 변형이 온다(전도열이 일반 복사열보다 강해 당도가 높은 용액은 당이 쉽게 타 버린다).
- 복사열이 필요한 조리법에는 맞지 않는다(불맛을 내는 요리).

그 외 주방 집기

지금부터 소개하는 집기들은 필수는 아니지만 알아 두면 도움이 되는 것들이다. 앞으로 소개할 집기들을 하나씩 살펴보면서 자신의 식당에 유용한 것은 없는지 확인해 보기를 바란다.

전기 레인지

가스 대용으로 오래전부터 사용되던 가열 조리 기구이다. 인덕션과 비슷해 보이지만 가스만큼 열기가 많다는 장점이 있다. 다만 조리가 빠르지 않다. 또 잔열이 많아 정확한 조리가 어렵고 전기세가 인덕션보다 월등히 높게 나온다. 점점 단종되는 추세이다.

낮은 가스레인지

화력이 세고 높이가 낮은 가스레인지이다. 장시간 육수를 끓이거나 대용량을 끓일 때 사용한다. 화구는 3열로 이루어져 화력이 좋은 편이다. 위치를 잡고 주문할 때 주변 상황을 보고 뒤판이나 옆 판을 옵션으로 주문하는 것이 좋다. 화력이 너무 세서 주변에 영향을 주기 때문이다.

해면기

면을 삶는 주방 기구이다. 해면기의 발열 방식은 튀김기처럼 가스, 전기, 인덕션 이렇게 세 가지 방식이다. 형태는 다양하다. 면을 1인분씩 뎃보(면을 삶을 때 쓰는 기구)에 넣어 조리하는 방식과 한 번에 다인분을 넣고 삶는 방식이 있다. 두 가지를 구분한다면 뎃보를 사용하는 방식은 기술자가 아닌 일반인들이 사용하기에 적합한 방식이다. 면을 한 번에 넣어 삶은 후 건져서 나누는 방식은 오랜 경험을 가진 기술자들이 하는 방식이다.

가스 자동 밥솥

밥을 하는 방법은 몇 가지가 있다. 50인용 이상 가스 전용 밥솥에 밥을 하는 방식과 전기밥솥에 소량으로 하는 방식, 가스레인지 위에 압력솥을 올리는 방식, 가스레인지 위에 솥 밥을 하는 방식이 있다. 요즘은 인덕션이 발달해 1인 압력솥에 밥을 하는 방식도 점차 대중화되는 추세다.

1인 압력솥 밥은 밥을 짓는 시간이 8분 내외로 상당히 빠르다. 그 외다른 방식은 대량으로 하기 때문에 어떤 방식이든 밥하는 시간은 35분 정도로 비슷하다. 압력솥이 조금 더 빠르지만 압력솥으로 밥을 하면 너무 찰져서 밥의 형태가 좋지 않다. 가스레인지 위에 솥 밥을 하는 것은 많은 경험이 필요하다. 30년 넘게 밥을 해 본 경험을 바탕으로 가장 쉽고 맛있게 밥을 짓는 방법은 가스 밥솥으로 하는 것이다. 전기밥솥은 한 번에 밥을 많이 하기 어렵기 때문에 밥집에서는 여러 번 해야 한다. 또 한 번에 하는 밥의 양을 늘리면 밥이 잘 안 된다. 이 때문에 하루 50공기 이상 밥이 팔리는 식당에서는 50인용 가스 밥솥을 적극 추천한다.

튀김기

튀김은 오랜 경력의 요리사가 큰 튀김 팬을 가스 불 위에서 수시로 불 조절해 가며 튀겨 내는 튀김이 가장 맛있다. 하지만 그렇게 튀김을 튀기려면 반드시 튀김 기술자가 필요하다. 현재 튀김 장비는 세팅된 온도를 유지해 주기 때문에 기름의 온도를 일일이 확인하지 않아도 된다. 요리사가 수시로 기름의 온도를 조절할 필요가 없다. 또 하나의 팁을 주자면 갑자기 손님이 몰려 튀김기 용량보다 초과된 튀김 내용물을 넣으면 기름의 온도가 빠르게 떨어져 튀김이 제대로 튀겨지지 않는다. 이에 튀김기는 예상 매출보다 약간 넉넉한 사이즈를 사용해야 한다.

튀김기는 스타일이 다양하지만 발열 방식에 따라 가스, 전기, 인덕션, 이 세 가지 방식으로 크게 나뉜다.

가스 튀김기

가장 많이 사용하는 튀김기이다. 하부에서 발열하고 발열 봉 하부 쪽으로 튀김 찌꺼기가 가라앉게 하여 산패도를 낮추는 기능을 한다. 튀김 재료들을 튀김기에 넣으면 온도가 바로 떨어지는데, 이때 복원력의 속도가 어느 정도냐에 따라 튀김기의 성능을 알 수 있다. 가스 튀김기 복원 속도가 가장 빠르다. 반드시 정제기를 사용해야 하고 열기가 많은 단점이 있다.

전기 튀김기

하부 발열식이다. 전기 튀김기도 발열 하부 쪽으로 튀김 찌꺼기가 가라앉게 되었지만 가스 튀김기보다 찌꺼기가 모이는 공간이 부족해 조금만 많이 튀겨도 튀김 찌꺼기가 발열 봉에 바로 쌓여 산패가 빠르다. 전기 튀김기는 발열 복원력이 세 가지 발열 방식 중 가장 느리기 때문에 최대한 용량이 큰 튀김기를 사용하도록 추천한다. 전기도 많이 쓰는 편이다. 전기 튀김기는 카페나 튀김을 전문으로 하지 않는 소형 식당에 적합하다.

인덕션 튀김기

인덕션 튀김기는 높은 전기 용량이 필요하다. 그렇다고 전기를 많이 쓰는 것은 아니고 순간 출력이 높기 때문에 그렇다. 사이드 쪽에서 발열하는 만큼 찌꺼기와의 접촉이 덜해 산패 속도가 느리다. 복원력은 느리지 않지만 기름통이 작아서 튀김 온도가 많이 낮거나, 튀김 양이 조금만 많아져도 온도가 빠르게 떨어지고 다시 회복하는 데 시간이 걸린다. 복원력 때문에 일반 가스 튀김기보다 사이즈를 큰 것으로 사용하는 것이 좋다. 다른 튀김기 방식보다 산패 속도가 느려 기름 사용량을 크게 줄일 수 있는 게 장점이다. 때에 따라 튀김 정제기가 필요 없을 정도다.

정제기

튀김기를 사용한다면 반드시 정제기를 사용하는 것을 추천한다. 정제기가 장착된 튀김기도 있지만 가격이 비싸다. 정제기는 튀김 찌꺼기를 걸러 주는 역할을 하는데 이 찌꺼기가 많으면 기름의 산패 속도가 빨라진다. 수시로 하거나 하루 두 번 정도 이 튀김 찌꺼기를 걸러 줘야 기름의 산패 속도를 늦춰 기름을 오래 쓸 수 있다. 정제기는 걸러진 기름을 펌프를 이용해 상부로 올려 주기 때문에 무거운 기름통을 들었다 내릴 필요가 없다. 노동 강도를 낮춰 주며 정제 속도가 빠른 것이 장점다. 뜨거운 기름을 다루는 만큼 사고 예방에도 효과가 있다.

팬렉

식당에서 바쁜 식사 시간대에 가장 문제가 되는 것이 퇴식하는 손님과 배식해야 하는 손님이 동시에 움직일 때다. 그 시간에 퇴식 식기를 주방 안으로 계속 밀어 넣을 수가 없다. 주방 설거지도 바쁘고 퇴식 식기를 쌓아 놓을 공간도 부족하기 때문이다. 이때 주방에 무조건 식기를 밀어 넣기보다 당장 세척하지 않아도 되는 식기들을 쌓아 둘 공간만 있으면 해결된다. 이때 팬렉이 아주 유용하게 쓰인다. 보통 '빵렉'이라고도 하는데 퇴식할 때 식기들을 팬렉에 밀어 두었다가 한가해지면 밀린 식기들을 처리한다. 오피스 상권처럼 점심시간 1시간 안에 손님이 몰아칠 때 테이블마다 반찬을 일일이 담아 제공하기 어려운 환경에서도 큰 역할을 한다. 반찬을 담아 칸칸이 넣어 두었다가 손님이 주문할 때 바로 제공하면 빠른 서비스가 가능하다. 이 팬렉은 퇴·배식용으로 사용하기도 하지만 이것저것 유용하게 수납하는 용도로도 적합하다.

주방 도구 비상시 대처법

냉장고 고장 시 응급 처치 및 사용법

냉장고의 소음

냉장고가 가동되면 기계실에서 웅- 하는 소리가 나기 마련인데 평소보다 심하게 소리가 난다면 대부분 냉각 팬이 고장 난 것이다. 이럴 땐 무조건 냉장고를 끈다. 냉각 팬이 망가졌다는 것은 컴프레서가 곧 고장 날 것이라는 예고다. 바로 기사를 불러 팬을 고치면 10만 원 내에 수리되지만 그냥 두면 팬과 컴프레서를 교체해야 하기 때문에 40만 원 정도 비용이 들어간다.

냉장고의 전원이 들어오지 않을 때

냉장고가 작동하지 않는다면 전원이 꺼졌거나 누전 차단기가 내려갔거나 콘센트가 헐겁게 끼워진 경우이다. 우선 콘센트가 잘 꽂혔는지 확인한다. 콘센트가 잘 꽂혔는데도 전원이 들어오지 않으면 누전 차단기를 확인한다. 배전판 외에 냉장고 내부에도 누전 차단기가 있을 수 있다. 차단기도 떨어지지 않았고 전원이 켜졌는데도 냉장고가 작동하지 않으면 그때는 A/S 기사를 불러야 한다. 떨어진 차단기를 올리는 동시에 바로 차단기가 다시 떨어진다면 냉장고에 누전이 발생한 것이다.

냉장고의 고장은 상당수의 경우 청소 중에 발생한다. 냉장고 컨트롤 박스나 기계실에 물이 들어가 차단기가 내려가서 올라오지 않는 경우가 그렇다. 청소할 때 기계실에 물이 들어가지 않게 비닐로 싸 두거나 아예 컨트롤 박스만 비닐로 감싸 두는 것도 방법이다. 만약 물이 들어갔다면 냉장고를 끄고 2~3일 정도 두면 다시 가동된다.

냉장고 온도가 내려가지 않을 때

원인은 보통 두 가지이다. 냉매 가스의 부족이거나 컴프레서의 고장이다. 이런 현상은 대부분 기사를 불러야 해결이 되지만 일차적으로 라디에이터를 깨끗이 청소하는 것도 방법이다. 그 뒤로 온도가 떨어지는 경우도 있기 때문이다.

냉장고가 쉬지 않고 계속 가동될 때

냉장고 내부의 온도 센서나 컨트롤 박스의 고장이다. 이럴 경우 A/S 기사를 불러야 해결할 수 있다.

냉장고의 고장 증상은 위의 사례가 대부분이다. 다른 증상은 업주가 해결하지 못하기 때문에 냉장고를 바로 끄고 A/S를 요청하는 것이 빠르다. 식당은 생각보다 감가상각이 커서 냉장고의 고장을 최대한 줄이고 이런 간단한 증상을 직접 해결해야 한다.

식기세척기 고장 시 응급 처치 및 사용법

세척기 물이 계속 넘쳐날 때

식기세척기 안에 수위 조절기라는 감지기가 있다. 이 감지기가 고장 나거나 감지기에 물때가 껴서 감지 기능을 하지 못할 때 발생하는 경우다. 고장 났을 때 A/S 요청을 하지만 그러기 전에 일단 수위 조절기에 붙은 물때를 철 수세미로 닦아 본다. 때때로 닦기만 해도 고쳐질 때가 있다.

전원이 들어오지 않을 때

차단기를 먼저 점검한다. 세척기 하부 안에도 차단기가 있는 경우가 있기 때문에 하부 전면 메인 판을 떼고 안을 들여다봐야 한다. 차단기가 내려갔다면 올려 보고, 그래도 자꾸 떨어지면 누전이므로 A/S를 신청한다.

간택기 고장 시 응급 처치 및 사용법

오래 사용하면 화구의 가스 구멍이 막혀 화력이 떨어지고 불이 붙지 않는 가스가 새어 나온다. 예전에는 이러한 화구를 불에 한참 구워서 이불질과 기름을 모두 태우고 물에 세척하는 방식을 이용했는데, 이 방식은 주방을 덥게 만들고 세척하기에 위험한 방식이다. 가장 좋은 방법은 가스가 나오는 구멍 크기의 드릴 날을 구입해 주기적으로 막힌 구멍을 전동 드릴로 뚫어 주는 것이다.

　오래 사용하면 불을 뿜어내는 화구에 생긴 녹으로 하부나 옆구리에 구멍이 난다. 그럴 때 화구만 별도로 구입이 가능하다.

알면 돈 벌고 모르면 당하는, 주방 집기 구입처와 확인 사항

처음 식당을 시작하는 사람은 인테리어 다음으로 고민하는 것이 '어디서 얼마나 더 저렴하고 괜찮은 주방 기구를 구입할 수 있을까'이다. 주방 집기를 무작정 구하기보다 내가 어떤 업종으로 어느 정도 규모의 식당을 할 것인가를 먼저 정해야 한다. 그래야 기본적인 주방 집기의 개수와 주방 집기별 필요 용량이 산출된다. 식당이라는 것이 매월 오픈하는 것도 아니고 평생 두세 번 할까 말까 하기 때문에 주방 기구 업체를 단골로 두고 구매하기가 어렵다.

주방 집기는 전문성이 필요한 만큼 기본을 알고 구매하는 것과 모르고 구매하는 것은 큰 차이가 있다. 가장 손쉬운 주방 집기 구입은 온라인 구매다. 주방 집기를 온라인에서 구매하면 최저가 제품을 구매할 수도 있지만 추천하지 않는다. 온라인에서 터무니없이 저렴한 주방 집기는 가장 얇은 스테인리스나 부속을 오래 쓰지 못하는 것들을 사용해 만드는 경우가 많다. 이 때문에 주방 집기를 5년 이상 쓴다고 생각하고 가격보다 내

구성에 초점을 맞춰 구매하는 것이 현명하다.

10~30평 영업장 기준, 주방 기본 집기 및 용량
- 냉장 용량 1,500~4,000L
- 싱크대(주방 2~3대, 홀 1대)
- 음료 냉장고 1~2대
- 작업대 및 작업대 냉장고 1~2대
- 식기세척기 1대
- 가열 화구(간택기, 중화 레인지, 튀김기 등등)

주방 집기 구입처

온라인 주문
주방 집기의 가격은 20여 년 전부터 온라인에 노출되어 최저가로 사는 것이 어렵지 않게 되었다. 하지만 온라인에서 비용이 저렴하다고 무턱대고 구입한다면 사고에 대비하기가 어렵다. 부족한 주방 집기를 사기에는 큰 무리가 없지만 주방을 새로 세팅하는 것은 어렵다.

황학동 주방 용품 거리
주방 집기를 판매하는 회사가 가장 많이 모인 곳이다. 이곳에는 주방 집기가 중고부터 새 제품까지 다양하게 구비되었다. 황학동에는 주방 집기뿐 아니라 식기, 식당용 가구, 도마나 인테리어 소품과 관련한 다양한 업체들이 밀집했다.

지역 주방 집기 영업점

도시마다 주방 집기와 식기를 취급하는 업체들이 있다. 이곳에는 다양한 것을 구비해 두지 않았지만 당장 필요한 주방 소도구들을 구매하기는 좋다. 하지만 지방은 어차피 서울과 경기 쪽에서 집기를 받아 판매하는 방식이기 때문에 아무래도 서울에서 구매하는 것보다 가격이 높을 수 있다.

남대문 C동

남대문에는 그릇 가게들이 모여 있다. 이 그릇 가게들도 주방 집기를 취급하지만 황학동만큼 주방 집기 전문은 아니고 식기 위주의 업체들이다. 식기, 장식, 음식점과 관련된 소품들이 많다.

주방 집기 구입 시 확인 사항

고깃집 오픈을 처음 준비하는 업주가 주방 집기를 모두 온라인으로 주문했다. 온라인에서 주문하다 보니 배송 날짜가 모두 달랐다. 먼저 주방에 설치되어야 하는 집기가 있었지만 배송된 순서대로 집기를 넣다 보니 집기들을 관리할 사람을 따로 구해야 했다. 구매한 작업대의 높이와 기울기, 수도 전기 연결, 옆 집기와 오열을 맞추는 일 등 생각지 못한 변수와 여러 가지 문제를 혼자 해결할 수 없었기 때문이다. 이런 상황에서 빠르게 대처하지 못하면 오픈이 미뤄지고, 채용해 놓은 직원들은 오픈이 늦어져 매장에서 놀다가 퇴근해야 한다. 결국 주방 용품 비용을 아끼려다가 돈이 더 들어가게 된 셈이다.

　이런 일은 식당을 오픈해 본 업주라면 누구나 겪을 수 있는 일이다. 나도 이런 방식으로 식당을 세팅해 본 경험이 있다. 이렇게 하면 구입할 때 비용이 적게 들어갈 것이라고 예상했기 때문이다. 하지만 '싼 게 비지떡'이 맞다. 기본 5년을 사용해야 할 주방 집기를 아무 데서나 구입해서 안 된다.

　냉장고는 아무리 저렴해도 100만 원 초반이고 비싸면 300만 원이다. 식기세척기도 마찬가지다. 고장이 잘 나는 오븐은 저렴한 경우 300~400만 원이고 비싸면 수천만 원이다. 이런 고가의 제품을 온라인에서 구매한다는 것은 현명하지 않다. 온라인 제품의 단점은 배송 중에 어떤 사고가 있을지, 어떤 부속을 썼을지 명확히 알 수 없다는 데 있다.

　식당에서 사용할 주방 집기는 다음과 같이 구매하는 것을 추천한다.

일괄 구매

　처음 식당을 시작할 때 주방 집기를 구입해야 한다면 선택의 기준을 가격으로 잡아선 안 된다. 가격보다 더 중요한 것은 고장이 잘 나지 않고 구현하려는 메뉴에 적합한지 따지는 것이다. 온라인 구매가 저렴해 보이지만 제품 보증은 어렵다. 똑같은 제품처럼 보여도 가끔 내부에 사용된 부품에 따라 제품 모델이 다를 수 있다. 업체 견적으로 일괄 구매한 제품의 가격이 높을 수 있지만 설치해 보고 나면 생각이 바뀐다.

온라인 구매

　식당을 새로 오픈할 때 온라인에서 하나하나 낱개로 구매하는 것은 추천하지 않는다. 특수한 제품이나 공장과 직거래로 구매할 경우를 제외하고, 일반 주방 제품들을 온라인에서 구매하는 것은 설치와 배송에 문제가 생길 수 있기 때문이다. 주방 전체를 세팅해야 하는 주방은 제품도 중요하지만 설치도 굉장히 중요하다. 주방 집기는 한 번 설치하면 이동이나 세팅이 어렵다.

업체 견적 구매

주방 업체를 선정하여 견적을 받는 방식이다. 세 군데 정도 견적을 받아야 한다. 이때 제품 스펙과 브랜드를 정하고 견적을 받아야 한다. 같은 크기의 냉장고라 해도 메탈과 스테인리스, 간접 냉각 방식과 직접 냉각 방식, 디지털과 아날로그 등 옵션이 다양하다. 견적을 낼 때 같은 조건에서 견적을 받지 않으면 일반인들은 저렴한지 비싼지 알아보기 힘들다. 이런 점을 악용하여 견적을 내는 주방 업체도 많다.

주방 업체로 구매하면 무료이거나 저렴한 비용으로 주방 설계도를 받을 수 있고, 주방 집기에 대한 여러 가지 조언을 얻을 수도 있다. 물론 이런 서비스들이 모두 견적 비용에 있기 때문에 온라인 구매보다 비싼 것은 당연하다. 업체로 구매하여 주방 집기를 설치하면 전문가들이 설치하기 때문에 빠르고 깔끔하게 설치된다. 또 가격이 저렴한 온라인 구매는 반품이나 교환도 어렵고 택배 배송이라 파손의 염려도 있다. 하지만 업체 구매는 책임지고 시공해 주기 때문에 반품이나 교환이 바로 이루어진다는 장점이 있다.

오픈 이후나 영업하는 중에 필요한 장비가 생겼을 때 온라인 구매로 저렴하게 구매하고 싶다면, 모델을 확실히 확인하고 이리저리 가격 비교를 해서 구매하면 된다. 요즘은 가격이 온라인에 모두 노출되었기 때문에 직접 공장으로 연락해 구매 의사를 밝히면 온라인 비용보다 저렴하게 판매하는 곳도 많다.

설계 도면을 제공하는 업체를 선정한다

주방 집기 업체에서는 설계 도면 제공이 무료이거나 저렴하게 해 준다. 처음 식당을 시작하는 사람 입장에서 주방 업체의 의견을 적극 수렴하는 것이 혼자 고민하는 것보다 낫다. 이렇게 주방 설계를 통해 미리 주방 동선을 머릿속에 그려 보면서 주방을 만들어야 한다.

주문 제품을 활용한다

세상에 정확히 같은 치수, 같은 모양의 주방은 없다. 식당의 주방들은 그 모양과 환경이 모두 다르다. 이에 공장에서 규격화되어 만들어진 주방 기구를 배치하다 보면 약간씩 여분 공간이 생기기 마련이다. 이에 내가 원하는 주방 기구를 모두 넣을 수 없을 때가 많다. 위치나 사이즈가 맞지 않을 때 내 주방에 맞는 주방 기구를 주문해서 설치해야 한다. 일정한 사이즈의 기성품보다 약간 비싸지만 구매가 부담스러울 정도의 금액은 아니다. 요즘은 작업대, 벽 선반, 간택기, 냉장고 등 많은 주방 기구를 저렴한 가격에 주문이 가능하다.

중고 집기 구입 시 주의할 점

식당을 수십 번 운영하는 동안 주로 중고 주방 집기들을 구매해서 사용했다. 권리금을 주고 얻게 되면 기존 식당에서 쓰던 장비를 쓰기도 했다. 다만 운이 좋은 게 아니라면 오래 가지 않아 장비들이 고장 나기에 이르렀다. 고장 난 집기를 고치기 위해 수리 기사를 부르면 하루 이틀 안에 오는 경우가 별로 없었다. 그중에서도 냉장고 고장이 제일 많은데 무더운 여름에 냉장고 기사들이 바빠서 빨리 와도 3일은 걸린다. 냉장 공간에 들어 있던 내용물들을 모두 빼내 다른 곳에 보관하려면 고생스러운 일이다. 하루 이틀 만에 기사가 온다 해도 고치지 못하는 경우도 있다. 그렇게 되면 기존의 냉장고를 버리고 새것을 구매해야 하는데, 냉장고를 넣고 빼는 일은 수리 기사가 하지 않기 때문에 인력을 새로 구하는 일도 다 돈이 든다. 어떤 때는 고치고 가도 다시 고장 나는 경우도 있다. 식당 중고 장비가 이렇다. 결국 몇십만 원 아끼려다가 돈은 돈대로 더 들어가거나 훨씬 힘든 일을 겪게 된다.

배달 식당을 하는 경우 이렇게 주방 집기를 중고로 구매하는 업주가 많다. 식당을 한번 해 본다는 생각으로 중고 집기를 사서 저렴하게 창업하는 것이다. 물론 시작할 때 창업 비용을 아껴서 투자 비용을 줄이는 건 지혜롭지만 "가장 필요한 것은 가장 좋은 것으로 사자"는 것이 지금까지 23년간 식당을 운영할 수 있는 나의 비결 중 하나이다. 중고는 중고다. 하지만 어쩔 수 없이 중고를 구매할 수밖에 없는 상황일 때 다음의 원칙을 지키면 큰 피해를 막을 수 있다.

- 냉장고는 반드시 3년 넘은 것은 피하고 되도록 1년 미만의 냉장고를 구매한다(한 가지를 고쳤더라도 연식이 오래되면 다른 부속도 따라서 고장 나기 때문이다).
- 고깃집과 중식당이 사용한 냉장고는 피한다.
- 나의 핵심 상품을 만들어 내는 장비는 중고로 구매하지 않는다.
- 작업대와 선반과 같이 전자 장비가 들어가지 않는 것은 중고로 구매해도 괜찮다.
- 간택기와 냉장고, 식기세척기는 되도록 새것을 구매한다(간택기는 중고와 새것이 가격 차이가 크지 않다).
- 이름 없는 회사의 중고 식기세척기는 구매하지 않는다(특히 아무리 저렴해도 중국산 식기세척기와 냉장고는 구매하지 않는다).
- 중고는 수리를 각오하고 구매한다.
- 중고 매장에서 반드시 테스트하고 구매한다(냉장고는 하루 가동한 후에 구매한다).
- 냉난방기 연식이 5년 넘은 것은 피한다.
- 냉장고 외부 재질이 메탈이 아닌 스테인리스로 된 냉장고를 구매한다.
- 가격이 다소 비싸더라도 직거래는 피하고 중고 업자가 매입한 냉장고를 구입한다(직거래는 냉장고 상태를 알 수 없기 때문에 어느 정도 수리와 점검을 마친 중고품이 안전하다).

- 저렴하다고 무조건 구매하지 말고 용도에 맞게 구매한다. 채소를 보관하는 냉장고라면 간접 냉각 방식의 냉장고를, 소스를 보관하는 냉장고라면 직접 냉각 방식의 냉장고를 구매한다.
- 반드시 A/S가 가능한 제품을 구매한다.
- 작업대와 냉장고는 다리 높이가 조절되는지 확인한 후 구매한다.
- 냉장고는 문짝 테두리의 패킹이 모두 잘 붙은 상태인지, 문과 접촉이 원활한지 확인한 후 구매한다.
- 가스 기구는 LPG와 LNG를 확인한다.
- 튀김기는 눕혀 보고 기름이 샌 곳이 없는지 확인한다.
- 중고 싱크대는 물통의 모서리 부분에 새는 곳이 없는지 확인한다.
- 중고 작업대는 자당(300mm) 1만 원 선, 벽 선반은 자당 5,000원 선에 거래된다(스테인리스 가격의 등락에 따라 약간의 차이가 있다).
- 중고 싱크대를 구입할 때 배수구와 뚜껑 등은 새것으로 교체 요청한다.

식당의 퀄리티를 좌우하는 식기 선택의 비밀

서울에는 남대문, 황학동, 서울 고속버스 터미널 지하 등에서도 식기를 판매한다. 이 장소들은 각각 장단점을 지닌다. 황학동에서는 식기를 구매할 때 샘플을 보기 위해 매장 안으로 들어가서 봐야 하는 번거로움이 다소 있어 이것저것 실컷 물어보고 그냥 나오기가 불편하다. 하지만 남대문은 그런 불편함이 없다는 점이 장점이다. 가격 면에서 봤을 때도 황학동이나 남대문이나 큰 차이가 없다. 경기도 이천이나 여주 도자기 마을 같은 곳도 있지만 식기가 고급지고 비싸다. 업체로 대량 구매하지 않는 이상 이 두 지역에서 식기를 찾기 쉽지 않다.

보통 영업용 식기 구매 장소는 다음과 같다.

남대문 C, D동

국내에서 가장 많은 식기 점포가 모인 곳이다. 이곳에 그릇 상가들이 밀집했기 때문에 가볍게 골목을 걸으며 식기들을 살필 수 있다. 황학동에서는 여러 가지 식기를 보려면 상점을 계속 들락거려야 하는 반면 남대문은 그릇 상점들이 다닥다닥 붙어 있어 식기를 찾기가 수월하다. 남대문 C, D동은 건물 내부에 많은 그릇 가게가 외부에 샘플들을 전시해 놓아 선택하기가 편하다. 식기 가격을 물어볼 때도 부담이 덜한 구조이다. 또 내가 원하는 식기를 사진만 보여 줘도 어디서든 찾아 준다. 매장에 없는 샘플은 옥상 창고로 올라가면 샘플을 볼수 있는 전시장이 따로 마련되어 있다.

황학동 주방 거리

황학동에는 중고 식기와 중고 조리 도구가 많다. 새 식기도 있지만 점포로 들어가서 식기를 고르기 불편한 구조이다. 중고 식기는 보통 새것의 50% 가격으로 구매가 가능하다.

온라인

남대문이나 황학동에서 구매한 후 추가 구매 시 온라인에서 가격을 비교해 보고 저렴한 것을 구매한다. 온라인으로 식기의 크기와 색깔, 모양을 보고 구매하는 것은 다소 만족도가 떨어질 수 있다. 개수가 많다면 한 번에 모두 구입하지 말고 일단 샘플 식기만 1개 구매해 식기를 확인한 뒤 구매해야 한다.

이천, 여주

이천에는 도자기 공장과 식기 업체가 꽤 있지만 여주는 자기로 만든 식기나 특별한 디자인이 필요할 때 이용하는 것이 좋다. 일반 영업용 식기로는 가격이 좀 높은 편이라 특수한 식기를 찾을 때만 이용하는 것을 권한다.

지역 주방 용품 가게

지역에서 일반 식기를 구매하는 것도 나쁘지 않다. 여기서도 공장과 거래하므로 가격은 남대문이나 황학동과 비교해서 그리 비싸지 않다. 하지만 상대적으로 샘플이 적어 특별히 원하는 식기가 있다면 샘플을 들고 가서 구매해야 한다.

식기의 종류

나는 일식을 오래 했기 때문에 1년에 한두 번 일본 후쿠오카 근처의 아리타 도자기 마을을 찾아가 식기를 구매해 온다. 아리타에 가면 식기를 바구니에 담아서 판매하는데 바구니당 비용을 받기 때문에 고급스럽고 예쁜 식기를 저렴하게 구매할 수 있다.

국내에도 일본 식기가 수입되는데 일본으로 직접 가서 구매하는 이유는 그곳에 전시된 식기의 디자인이나 수준이 다르기 때문이다. 이렇듯 메뉴의 형태나 콘셉트에 따라 식기를 맞춰서 쓰는 것은 인테리어를 콘셉트에 맞춰 시공하는 것만큼 중요하다. 식기의 무게는 음식의 가격에 비례한다는 이야기가 있듯이 메뉴의 가격이나 콘셉트가 무겁다면 식기도 무거워지는 것이 손님에게 좋은 반응을 이끌 수 있다.

앞서 말했듯 비용을 아끼고자 중고 식기를 구매하는 업주들이 있다. 한 가지 조언하자면 새 식기도 살 돈이 없다면 식당을 하지 않는 게 낫다. 이렇게 말할 수 있는 것은 나에게 그런 경험이 있기 때문이다. 중고 식기는 콘셉트에 꼭 필요하거나 유기 식기(방자)와 같이 중고와 새것에 큰 차이가 없는 특수한 경우에만 사용해야 한다. 새로 오픈한 식당에 갔는데 흠집이나 깨진 흔적의 오래된 식기를 사용한다면 밥맛이 나겠는가? 오히려 시작할 때 비용이 부족해 인테리어에 힘을 주지 못했다면 반드시 식기라도 힘을 주는 것이 저렴하게 콘셉트를 만드는 좋은 방법이다. 식당에서 식기만큼은 반드시 새것을 쓰는 것을 추천한다. 비용이 부족해 이것저것 아끼려 하겠지만 손님 입에 닿는 식기만큼은 좋은 것으로 구매하여 손님 마음을 얻는 것이 더 이득이다.

식기는 콘셉트에 따라 구매하기도 하지만 음식의 특성과 프로세스에 따라 알맞은 재질과 형태를 찾아야 한다.

멜라민 식기

아주 다양한 색과 형태의 식기가 생산되며, 우리나라 식기 중에 가장 많이 팔리는 재질이다. 요즘은 도자기와 구분이 안 갈 정도로 잘 만들어 낸다. 예전에는 가격이 저렴했지만 지금은 멜라민이 자기보다 비싼 것도 많다. 멜라민 식기는 잘 깨지지 않고 오래 사용한다고 하지만 오래 쓰면 오래 쓴 티가 나기 때문에 고가 메뉴 구현에는 도자기 식기를 추천한다.

유리 식기

레스토랑에 어울리는 식기로 고급스러움이 장점이다. 하지만 투명해서 얼룩 관리가 어렵다. 또 도자기보다 더 잘 깨지기 때문에 고급스러운 레스토랑처럼 음식 가격이 있는 곳에서 취급해야 한다.

도자기 식기

지금은 저렴한 중국산 수입 도자기가 대부분이다. 중국산 도자기는 일본산이나 국산보다 가격이 저렴한 만큼 잘 깨진다. 하지만 도자기는 멜라민보다 무거워 음식의 격을 높인다. 식당 직원들이 가장 기피하는 식기이고, 깨지는 문제 때문에 업주도 잘 사용하지 않으려고 한다. 하지만 나는 오랫동안 도자기 식기만 사용했다. 도자기가 깨지기 쉬운 식기지만 음식의 가격에 맞춰 식기를 써야 하는 것도 서비스의 한 형태이기 때문이다. 도자기가 깨지는 만큼 멜라민 식기도 닳고 닳아 몇 년 후 다시 구매해야 하기 때문에 결과적으로 비용에 큰 차이가 없다.

유기 식기

'방자'라고도 하는데 가격이 비싼 만큼 콘셉트에 강력하게 반영된다. 방자만 전문으로 파는 곳에서 구매하는 것이 저렴하다. 사각 방자가 비싸고, 나중에 중고로 팔아도 70%까지 가격을 받을 수 있다는 장점이 있다. 깨지는 일이 거의 없고 변형도 없다. 구매 전에 세척 문제로 고민하는 경우가 많은데 매일 반짝거리는 방자를 제공하는 일이 아니라면 세척에도 큰 문제는 없다.

스테인리스 식기

멜라민 다음으로 가장 많이 사용하는 식기이다. 깨지지 않고 단단하다. 질려서 못 쓸 정도로 오래 쓴다. 스테인리스 식기도 흠집이 나기 때문에 오래 사용하면 버리게 된다. 단점은 세척하거나 퇴식할 때 조금 시끄럽다. 때로 물 얼룩이 잘 지워지지 않는 스테인리스도 있다.

목재 식기

목재 식기는 이케아 매장이나 온라인에서 많이 판매한다. 목재 식기는 처음에만 예쁘고 시간이 갈수록 빠르게 변형된다. 물에 약해서 곰팡이가 생기거나 물을 먹어서 썩거나 휘게 된다. 코팅되었다고 해도 결국 코팅이 벗겨져 오래 쓰지 못한다.

석재 식기

이 식기는 돌 뚝배기와 같은 제품으로, 무거운 것이 큰 단점이다. 직원들이 가장 기피하는 식기다.

4장

식당에서
로봇을 써야 하는 이유

잘 쓰면 2~3인 몫을 담당하는
식당 로봇의 역할

나는 식당에 스시 로봇의 초기 모델을 2018년쯤에 도입했다. 로봇이라고 하기도 그렇지만 어쨌든 그 당시 초밥을 위에 부어 놓으면 틀에 찍어 내듯이 초밥을 생산하는 장비였다. 당시 300만 원을 주고 구입했는데 일주일 정도 쓰고 중고로 팔았다. 초밥은 따뜻한 온도를 유지해야 하는데 그 부분이 아쉬웠던 탓이다. 또 초밥을 쥐는 방식이 아닌 찍어 내는 방식이라 밥알이 잘리고 생각보다 밥이 잘 풀렸다. 그때 당시 나에게 300만 원은 큰돈이었다. 하지만 투자비라고 생각했고 후회하지 않았다. 몇 년 뒤 1,300만 원짜리 스시 로봇을 구매할 때 이것이 중요한 기준이 되었기 때문에 그 돈은 허투루 쓴 돈이 아니었다.

나는 현재 생선구이집과 일식집, 두 식당을 운영 중이다. 두 매장 모두 2,000만 원 정도 하는 서빙 로봇을 각 2대씩 갖췄고, 총 4대를 3년째 사용하고 있다. 목돈으로 구입할 수 있는 금액이 아니어서 할부로 구매했다. 홀 청소도 작은 청소 로봇을 구매해서 영업이 끝나고 직원이 퇴근하면 2대의 청소 로봇이 기본적인 청소를 해 주도록 가동한다. 이뿐만 아니라 테이블마다 테이블 오더 시스템을 둬 기계로 주문 결제하도록 한다.

2014년에는 일본 제품인 스시 로봇을 1,300만 원 주고 구입했다. 당시 스시를 만드는 초밥 요리사가 4명이었지만 그들의 손에 쥐어지는 초밥은 일정한 상품력을 유지하지 못했고 스킬에 따라 상품력 차이가 컸다. 그때 구입한 스시 로봇은 밥 온도를 일정하게 유지시켜 주는 것은 물론이고 일정한 크기로 초밥을 만들어 냈다. 초밥을 만드는 속도는 일반적인 초밥 요리사의 속도와 비교했을 때 3~5배까지 차이가 났다. 그 뒤로 주방장은 그만뒀고 초밥 요리사는 반으로 줄어들었다. 참고로 초밥 요리사는 일반 요리사에 비해 최소 30%의 인건비를 더 줘야 한다.

초밥집의 메뉴 중 가장 문제가 되는 메뉴가 하나 있었다. '가츠동'이라는 돈가스 덮밥 메뉴인데, 이 메뉴의 스킬 중 중요한 부분이 달걀을 반숙으로 조리하는 것이다. 하지만 바쁜 주방에서는 달걀을 풀고 다른 일을 하기 바빴고, 다른 일을 하다 보면 돈부리 팬이 타거나 달걀이 완숙되기 일쑤였다. 이 문제를 해결하고 싶은 마음이 간절했다. 그러던 중 인덕션이라는 전자 조리 장비가 화력을 조절하고 조리 시간도 조절하여 세팅이 된다는 사실을 알았다. 하지만 인덕션에 사용하는 조리 도구는 일정한 철을 함유해야 하는 조건이 있었다. 알루미늄이나 구리, 일부의 스테인리스에는 반응하지 않았는데, 돈부리 팬이 대부분 알루미늄이라 인덕션 장비에는 사용하지 못하는 것이었다. 인덕션에 반응하는 팬을 찾던 중 일본에 그 팬이 있다는 사실을 알게 되었다. 그 팬을 사러 동경의 주방 집기 시장을 찾아갔다. 거기서 팬 11개를 구매하고 인덕션도 구매했다. 인덕션은 같은 화기의 일반 가스 간택기의 7~8배 정도 고가였다. 게다가 전기 증설까지 해야 하니 비용이 더 들어갔다. 돈부리 메뉴를 하기 위해서 지나치게 많은 비용과 시간을 들인 것은 아닌가 하는 생각도 들었지만 끝내 구매했다. 단추 하나만 누르면 누가 조리하든 항상 맛있게 만들 수 있는 방법이 생겼다는 것에 기뻤다.

그 밖에 튀김기, 해면기 등도 인덕션으로 된 조리 장비를 10년째 사용 중이다. 내가 하는 일이 주방 컨설팅 쪽이기도 하거니와 식당을 여러 번 운영하다 보니 로봇에 지속적인 관심을 가진다. 게다가 로봇은 급여를 줄 필요가 없다. 전기 공급만 잘 해 주면 되고 고장도 잘 나지 않는다. 스시 로봇이 1,300만 원이지만 그 당시 초밥 요리사 급여가 300만 원 정도였으니 두 사람을 줄여 2달에 그 비용을 뽑은 셈이다. 안 쓸 수 없지 않겠는가?

식당에서 로봇을 써야 하는 이유

오랫동안 주방 시스템을 연구하고 공부하면서 로봇은 결국 주방 시스템의 중심에 있다는 걸 알았다. 이런 로봇을 사용하기 위해 기존에 사람만 있던 공간보다 더 넓은 공간이 필요하다. 어쨌든 로봇은 복잡한 업무를 수행하는 데에 한계가 있기 때문에 좀 더 넓은 공간에서 작업이 이루어져야 효율적인 작업이 가능하다. 하지만 아이러니하게도 식당의 주방은 점점 좁아지는 중이다. 공간의 효율성이 더 필요한 이유다. 결국 로봇은 좁은 주방에 맞춰서 만들어지겠지만 그 로봇을 가장 최적으로 활용하기 위해 지속적으로 로봇 사용에 시간과 비용 투자가 필요하다.

내가 몇 년 전 대형 한우 전문 프랜차이즈를 컨설팅했을 때 일이다.

특성상 보통 100평 정도의 매장으로 운영되는 이곳은 매장이 넓은 만큼 홀 직원이 많이 필요했고, 그만큼 일도 많았다. 이 매장이야말로 서빙 로봇이 필수적인 선택으로 보였다. 서빙 로봇을 제안했고, 들여와 사용해 봤지만 결국 잘 쓰지 못하고 창고행이 되었다. 이곳에서 서빙 로봇을 잘 사용하지 못한 이유는 고정 관념 때문이었다. 서빙 로봇이 음식을 전달해 줄 때 손님한테 내려 주지 못하니 이게 무슨 소용이냐고 이야기했다. 하지만 그 식당의 문제는 따로 있었다. 평수가 큰 관계로 술 한 병을 시켜도 직원이 끝에서 끝으로 이동해야 했고, 심지어 쌈장 하나를 들고 50미터를 왕복해야 한다는 점이었다. 즉 필요 이상으로 과중되는 업무를 수행할 필요 없이 이 서빙 로봇을 사용하면 월 60만 원이라는 할부 비용을 뽑고도 남는 일이었다. 게다가 손님에게 메뉴를 제공할 때 서빙 로봇을 투입하기 부담스러웠다면 식기를 회수하는 기능만으로도 그 비용은 충분한 가치가 있었다. 사실 이런 시스템을 들여올 때 가장 반발이 심한 건 역시 직원들이다. 그들은 변화를 싫어한다. 자신이 매일 하던 패턴에서 벗어나면 스트레스를 받는다. 그도 그럴 것이 고된 노동을 하는 와중에 헷갈리기까지 하면 더 힘들기 때문이다. 우리 직원들도 로봇을 처음 사용할 때 음식을 내려 주지 못하는 로봇을 뭐 하러 쓰냐고 했다. 잘못하면 국물이 쏟아질 듯하다는 의견도 있었다. 하지만 한마디로 해결했다.

"로봇이 도착할 때쯤 가서 내려주면 되지."

이처럼 새로운 시스템을 들여올 때 반드시 틀을 두지 말고 기존 서비스와 병행하면 된다. 태블릿 오더만 해도 잘 사용하지 못하는 손님이 있으면 직접 주문을 받아 주면 된다. 결국 시스템은 손님보다 우리가 편하기 위해 만든다. 더욱 효율적인 식당 운영을 위해선 직원들의 업무 환경이 나아지는 것이 1순위이다.

우리 식당에는
어떤 로봇이 필요할까

서빙 로봇

현재 다양한 형태의 서빙 로봇들이 개발되었고 지속적으로 업그레이드 중이다. 로봇마다 비용이 다르지만 보통 월 40~70만 원까지 할부로 결제하거나 임대로 사용이 가능하다. 임대는 비용이 낮은 편이고 구매는 약정 종료 후 소유권이 이전된다. 자율 주행 방식과 이동 경로를 지정한 주행 방식으로 나뉜다. 제품의 특성상 초기 모델은 고가였지만 빠르게 가격이 내려가는 추세다. 서빙 로봇은 매장 평수가 30평 이상인 곳에서 사용하는 것이 이상적이다. 로봇은 예민한 장비이니만큼 오랜 노하우와 경험을 가진, A/S가 잘되는 업체 제품을 선택하는 것이 좋다.

테이블 오더

키오스크의 한 형태이다. 손님이 테이블에 앉아 주방으로 주문을 직접 넣는 방식이다. 결제 방식에 따라 선불 결제 방식과 후불 결제 방식이 있다. 식당의 서비스 형태에 맞춰 결정해야 한다. 향후 테이블 주문 시스템은 QR 오더 시스템으로 발전할 가능성이 높다(현재 외국에는 QR 주문 방식을 훨씬 많이 사용 중이다). 단, 계약 시 주의 사항이 있다. 추가로 태블릿을 구매할 경우 기존 약정 기간에 추가로 약정이 붙어 어쩔 수 없이 전체 테이블 오더 약정 기간이 늘어난다. 그 부분을 확인하고 신중히 주문해야 한다.

로봇팔

치킨을 튀기는 목적으로 만들어지기 시작해 현재는 커피와 면을 삶는 장비까지 나온 상황이다. 빠르게 발전하여 기본적인 조리는 완성할 수 있는 단계이다. 월 100만 원 정도의 임대료를 지불한다. 사람이 조리하는 공간보다 다소 넓은 공간이 필요하다.

스시 로봇

일본에서 개발되어 국내에서도 자체 생산되는 장비이다. 김밥을 말아 주거나 김밥의 밥만 펴는 장비, 초밥 뷔페에서 사용하기 편한 스시를 대량으로 생산하는 로봇도 있다. 보통 1,000만 원이 넘는 고가이지만 초밥 요리사의 최저 임금이 월 300만 원임을 감안한다면 피할 수 없는 선택이다.

청소 로봇

일반 가정용 청소 로봇도 발달해 매장에서 사용 중이다. 서빙 로봇 업체에서 생산한 덩치가 큰 청소 로봇도 있지만 식당에서 사용하기에는 불편함이 있다. 가정용 청소 로봇 중 고성능을 선택해 1년 정도 사용하고 폐기해도 비용 부담은 덜하다. 꼭 써 보기를 추천한다.

웍 봇

음식을 만들 때 뜨거운 불 앞에서 웍을 돌리는 것은 노동 강도가 매우 높다. 그래서 만들어진 것이 웍 봇이다. 작동 방식에 따라 옆으로 회전하는 통돌이 방식이 있고 앞뒤로 흔드는 웍 방식이 있다. 쭈꾸미 집을 운영할 때 사용했는데 이 장비도 고가이지만 충분히 가치가 있었다. 원리가 단순한 만큼 향후 가격이 빠르게 하락할 것이다.

교반기

음식을 저어 주는 역할을 하는 장비이다. 보통 식당에는 열을 가하면서 음식을 젓는 일이 많은데, 여간 고된 일이 아니다. 이 때문에 교반기는 크기가 대용량이든 소량이든 주방에서 많이 사용된다. 죽 전문점을 시작으로 김밥집에서도 이 장비를 개발해 사용 중이다.

인덕션

로봇이라고 표현하기 어렵지만 자동화 장비로서는 정확한 레시피 구현이 가능한 장비이기 때문에 로봇의 일부로 볼 수 있다. 많은 식당이 고가임에도 이 인덕션 장비로 전환하는 중이고 호텔이나 대형 몰, 공항은 인덕션 설치를 필수 조건으로 주방 시설을 설계하는 경우도 있다. 소규모 식당들의 시스템 스마트화를 위해 국가와 지자체 차원에서도 적극적인 지원 사업을 진행 중이다.

김포의 한 국숫집을 방문했다. 비빔국수가 8,000원인 식당이었는데, 주문과 음식 픽업, 퇴식까지 모두 손님이 하는 방식으로 운영 중이었다. 8,000원이라는 비교적 높은 가격에 국수를 먹는 것도 억울했는데 서비스를 그런 방식으로 손님에게 전가하니 화가 났다. '이럴 거면 왜 사 먹나, 집에서 먹지' 하는 생각이 들었다. 이 생각이 손님의 생각이다. 그 식당은 2년 만에 다른 국숫집으로 변형해 운영했지만 결국 6개월 만에 문을 닫았다. 이 식당이 망한 이유는 서비스의 전가 때문만은 아니지만 확실히 그 이유가 문을 닫게 하는 데 기여했다는 건 부인할 수 없다. 이렇듯 로봇 시스템을 영업장에 도입하기 위해 돈만 있다고 되는 문제는 아니다. 앞서 언급한 것처럼 서빙 로봇이나 홀 서비스 로봇은 손님에게 서비스를 전가하는 것이므로 메뉴의 가격에 맞게 사용해야 한다. 이제 외식업에서 로봇 없이 수익 구조를 맞출 수 없는 시대가 되었다. 이 로봇 시스템이 필수적인 선택으로 자리 잡지만, 꼭 기억해야 할 것은 손님의 서비스에 맞춰 반영해야 한다는 것이다.

5장

식당을 해야만 하는 사람 vs 절대 하면 안 되는 사람

안전과 위생에 무지하다면
다른 재능을 찾아라

안전은 선택이 아닌 필수란 말이 식상하게 들릴지 모르지만, 생명과 전 재산을 잃을 뻔한 큰 사고를 몇 번 치르고 나면 더는 그 말을 예사로 여기지 않게 된다. 20년 넘게 식당을 운영하면서 다양한 상황을 겪었지만, 가장 두려웠던 순간은 직원이 다치거나 사고를 당했을 때였다.

2005년 어느 날, 주방에서 일하던 한 직원이 식재료를 건네받기 위해 도마 위로 손을 뻗는 순간, 칼질 중이던 동료의 칼날에 손을 크게 다친 일이 있었다. 주방에서는 칼 아래에 손이 있어도 절대 도마 위로 손을 뻗어서는 안 된다. 그러나 이 기본적인 안전 수칙을 어긴 결과, 그는 신경을 심각하게 다쳐 재활에 오랜 시간이 걸렸고 결국 일을 그만두게 되었다.

물론 사고는 언제든 일어날 수 있지만, 현실적으로 직원들의 잦은 이직과 짧은 재직 기간 탓에 모든 직원에게 철저한 교육을 반복적으로 제공하기란 쉽지 않다. 따라서 사고를 예방하기 위해서는 무엇보다도 '안전한 주방 구조와 시스템'을 설계하는 것이 필수다.

특히 주방에서 가장 빈번하게 다치는 부위는 허리다. 나도 식당 업무 중 무거운 물건을 들고 이동하는 일이 많아 허리 수술을 두 차례나 받을 정도로 고통을 겪었다. 대부분의 식당 종사자가 비슷한 허리 질환을 가졌다고 해도 과언이 아니다. 이를 방지하기 위해 나는 주방 내에 작은 카트를 비치하여 무거운 물건을 직접 들지 않고 이동할 수 있도록 시스템을 개선했다.

직원의 사고 못지않게 가슴 아픈 것은 손님이 다치는 경우다. 지금 떠올려도 아찔한 일들이 몇 있는데, 그중 하나가 갈빗집에서 벌어진 일이다. 바쁜 주말, 알바생과 파출부가 근무를 나오지 않아 인원이 부족한 상태로 영업을 강행했었다. 홀에는 가족 단위 손님이 많았고, 그중 한 아이 손님에게 뜨거운 된장찌개가 쏟아지는 사고가 발생했다. 6살 된 아이는 등에 심한 화상을 입었고, 응급실로 옮겨진 후에도 세 차례의 큰 수술과 오랜 재활 치료를 받아야 했다. 보험 처리로 2,000만 원 이상의 병원비가 청구되었지만, 아이와 가족에게 남은 상처는 금전적인 문제로 해결될 수 없었다.

다른 사고는 또다시 바쁜 주말에 발생했다. 경험이 부족한 대학생 알바생이 뜨거운 우동을 여성 손님의 허벅지에 쏟으면서 그 손님이 화상을 입었다. 다행히 큰 흉터는 남지 않았지만, 한 차례의 수술과 함께 700만 원의 병원비가 보험으로 지급되었다. 사고를 일으킨 알바생은 사흘 만에 일을 그만두었다.

더 황당했던 사건은 손님 몸에 불이 붙은 경우다. 1인 화로에 젤 타입의 알코올 연료를 사용하던 중, 불이 붙은 상태에서 연료를 보충하다가 튀어나온 젤에 불이 옮겨붙은 것이다. 손님은 몸과 머리에 불이 붙었지만, 다행히 근처의 소화기로 신속히 진압해 큰 화상은 피할 수 있었다. 그러나 온 가게가 소화기 가루와 연기로 아수라장이 되었고, 그날의 영업은 전면 중단되었다. 손님의 명품 외투와 가방, 머리카락 등 손실이 막대했고, 이로 인해 많은 보험료를 지급해야 했다.

정말 안타까운 점은, 앞서 언급한 사고 모두 충분히 예방할 수 있었다는 점이다. 사고의 원인은 대개 안전한 환경을 구축하지 못한 데 있다. 좁은 주방 구조는 직원의 손이 도마 위로 지나가게 만들었고, 홀의 통로 폭이 좁아 서빙 도중 뜨거운 음식을 손님에게 쏟는 일이 발생했다. 또 비용을 절감하기 위해 젤 타입 알코올을 사용한 결과가 치명적인 화재 사고로 이어졌다. 한 번에 모든 걸 앗아갈 수 있는 안전사고를 예방하려면 교육만으로 충분하지 않다. 그래서 다음 네 가지 원칙을 강조하고 싶다.

첫째, 안전한 구조 설계가 가장 중요하다.

좁은 주방과 홀은 사고의 원인이 된다. 주방과 홀에 충분한 통로를 확보하고, 직원들이 동선을 최소화할 수 있는 설계가 필요하다.

둘째, 업무 매뉴얼화 및 준수는 필수다.

주기적인 교육이 어려운 현실을 감안하여, 모든 업무를 표준 매뉴얼로 만들어 이를 준수하게 해야 한다. 매뉴얼은 단순한 지침이 아니라 반드시 따라야 할 규칙으로 자리 잡아야 한다.

셋째, 소방 및 안전 설비 완비는 필수다.

소방법에 따라 철저히 시설을 완비하고, 정기적인 점검으로 해결해야 한다. 소방완비증명서를 받기 위해 임시로 기준을 맞추는 식의 접근은 통하지 않는다.

넷째, 보험은 업주의 손해를 줄이는 마지막 방어선이다.

사고는 피해자에게 깊은 상처를 남기지만, 업주도 복구하기 어려운 상당한 피해를 입게 된다. 인력을 줄이거나, 저렴한 재료를 사용하며 비용을 절감하려는 시도가 오히려 큰 손실을 가져오는 경우가 많다. 따라서 업주는 반드시 화재 보험과 음식물 책임 배상 보험에 가입해 두어야 한다. 직원 사고의 경우, 사고가 발생하면 14일 이내에 산재 보험에 가입해야 혜택을 받을 수 있다. 이런 보험들은 사고 이후의 경제적 손실을 최소화하는 데 매우 중요한 역할을 한다.

안전은 모든 것의 출발점이다. 안전과 위생에 무지하다면 다른 재능을 찾는 것이 나을 것이다. 사고를 예방하기 위해 필요한 것은 구조적인 시스템을 구축하기 위한 실질적인 변화다. 한순간의 방심이 직원과 손님의 삶, 그리고 업주의 사업에 돌이킬 수 없는 손해를 줄 수 있다. 안전한 환경을 만드는 것은 단순한 비용이 아니라 반드시 지켜야 할 기본이다.

식당에서 위생 관리는 지속 가능한 영업의 핵심이다

위생 관리는 단순히 식당이 잘되기 위한 선택 사항이 아니다. 위생은 식당의 영업 지속 여부를 결정짓는 기본 조건이다. 특히 SNS와 인터넷이 발달한 오늘날, 내부자의 폭로나 손님의 방문 후기가 빠르게 공유되며 식당의 평판을 순식간에 뒤집을 수 있다. 위생 문제는 그 자체로도 치명적이지만, 한 번 발생한 문제가 사람들의 기억에 깊이 새겨져 재기의 기회조차 박탈당할 수 있다. 실제 사례로 위생의 중요성과 관리 방법을 살펴보자.

내가 운영하는 식당 옆에는 곱창집이 있었다. 그 집은 업주가 지나치게 비용 절감에만 신경을 쓴 탓에 간판도 켜지 않고, 한여름에도 에어컨을 틀지 않았다. 그런데 어느 날 우연히 관리비 고지서를 보고 충격을 받았다. 한 달 물 사용량이 고작 3톤도 되지 않았던 것이다. 장사를 하지 않거나 물을 거의 쓰지 않거나 둘 중 하나였다.

곱창집 주방에 들어갈 일이 생겼을 때, 나는 믿기 어려운 광경을 목격했다. 사장은 손님이 먹고 남긴 반찬을 한데 모으고, 그것을 다시 덜어내 사용하는 데다, 식기를 물로 씻지도 않고 물티슈로 닦아 내기만 했다. 충격적이게도 이런 행동은 이미 주변 상인들에게 공공연히 알려진 상태였다. 결과적으로 그 식당은 점점 손님을 잃고 매출이 줄어들다가 사장이 가게를 인수한 지 3년 만에 문을 닫게 되었다.

또 하나의 사례가 있다. 경기도에 있던 육회와 연어를 판매하는 한 식당은 장사가 잘되어 옆 가게를 인수하며 확장했다. 하지만 2년 만에 돌연 문을 닫았다. 그 이유는 잦은 배탈 사고 때문이었다. 1년 동안 손님들이 식중독이나 배탈 증상을 호소하는 일이 6번이나 발생했는데, 원인을 알고 보니 바퀴벌레 문제 때문이었다. 해당 식당은 오래된 건물을 인수하면서 인테리어 수리를 전체적으로 하지 않고 부분적으로만 했는데, 기존 건물에 남아 있던 바퀴벌레들을 박멸하지 못했던 것이다. 구조상 방역이 어려운 상황이어서 전문 해충 방제 업체도 포기한 수준이었다. 지속적인 위생 문제가 손님의 신뢰를 잃게 했고, 사장은 기존 매장을 포기하고 다른 지역으로 이전했다.

위생 관리는 식당 운영 초보자들이 가장 어려워하는 부분 중 하나다. 하지만 위생 기준이 애매하거나 관대해서 안 된다. 위생 관리가 철저하지 못한 식당은 단기적으로는 비용을 절약하는 듯 보일지 몰라도, 결국 평판 손실과 영업 중단이라는 대가를 치르게 된다. 초보 창업자들은 다음의 세 가지를 반드시 명심해야 한다.

첫째, 위생적인 설계가 최우선이다.

주방과 식당은 처음부터 위생 관리를 염두에 둔 구조로 설계되어야 한다. 특히 배달만 하는 식당의 경우, 간단한 창고를 주방으로 꾸미고 타일도 시공하지 않은 채 운영하는 경우가 많다. 이런 식당은 기름때와 이물질 관리가 어렵고, 단 2년 안에 문을 닫거나 자리를 옮길 가능성이 90% 이상이다. 위생적인 설계를 위해 다음 사항을 고려해야 한다.

물청소 가능성 확보: 바닥과 벽은 물청소가 가능해야 하며, 방수가 되는 자재를 사용하는 것이 필수다.

- 배기 시설의 적정성: 주방의 기름때와 연기를 효과적으로 배출할 수 있는 환기 설비를 갖춰야 한다.
- 배선 및 배관 관리: 모든 전기 배선과 수도 라인은 벽체 안으로 매립해 이물질이 끼는 것을 방지해야 한다.

둘째, 매뉴얼로 위생을 일상화하라.

위생 관리도 안전 관리와 마찬가지로 교육만으로 해결되지 않는다. 모든 작업을 매뉴얼화해 누구나 똑같이 실행할 수 있도록 해야 한다. 마감 청소부터 주방 정리, 식기 세척까지 단계별로 정리된 체계적인 매뉴얼을 만들어 습관화하도록 유도해야 한다. 매뉴얼이 잘 지켜지면 별도의 교육 없이도 직원들이 자연스럽게 위생을 유지할 수 있다.

셋째, 청소는 습관이다.

식당의 위생 관리는 특별한 업무가 아니라 매일 반복되는 일상적인 습관으로 자리 잡아야 한다. 집에 돌아오면 씻고 아침에 일어나면 양치와 세수를 하듯이, 식당도 아침에는 '세수'하고 저녁에는 '씻고' 마감하는 자연스러운 루틴이 이루어져야 한다.

나는 초밥집을 25년 가까이 운영하며 몇 차례 배탈 사고로 어려움을 겪은 적이 있다. 손님이 배탈이 난 이유가 내 식당 때문인지, 다른 음식을 먹고 생긴 문제인지 옳고 그름을 따지는 것은 중요하지 않다. 중요한 것은 손님의 이야기에 공감하고 치료를 적극적으로 권유하며 문제를 해결하려는 태도다. 손님의 이야기를 단순히 비난으로 받아들이는 것이 아니라, 내가 더 깨끗하게 운영해야 한다는 신호로 받아들여야 한다. 이러한 사고방식을 가진 식당만이 꾸준히 신뢰를 얻고 오래 살아남을 수 있다.

식당에서 위생은 단순히 좋은 평판을 얻기 위한 도구가 아니다. 위생이란 식당 영업의 생존 조건이다. 위생 관리가 소홀한 식당은 시간이 지날수록 손님을 잃고 결국 폐업으로 이어질 가능성이 높다. 철저한 위생 설계와 습관화된 청소, 그리고 손님의 의견에 공감하고 개선하려는 태도가 곧 성공적인 식당 운영의 핵심이다.

식당은 '기획'이 아니라
'정성'에서부터 출발한다

이 책을 펼친 여러분이 식당을 계획 중이라면, 그 출발점은 어디서부터였을지 생각해 보자. 만약 '대박 아이템이 떠올라서' '누가 하는 걸 보니 잘 돼서' '다른 뚜렷한 재주가 없어서' 등이 이유라면 당장 생각을 접어야 한다. 식당 운영은 음식을 만들어 손님에게 제공하는 것에 기쁨을 느끼는 사람들이 해야 하는 업종이기 때문이다. 이는 단순한 조언이 아니다. 오랜 시간 식당을 운영하며 경험으로 터득한, 가장 기본적이면서도 중요한 진리다. 식당을 열고 닫는 건 누구나 할 수 있다. 하지만 그 식당이 5년, 10년 꾸준히 운영하며 사랑받는다는 건 전혀 다른 이야기다. 식당은 그저 기획에서 시작되는 사업이 아니다. 정성과 중심 없이 기획만으로 굴리는 식당은 오래 버티지 못한다. 그 진리를 깨닫기까지 나는 수많은 실패를 겪었다.

맛으로만 성공하겠다는 순수한 착각

몇 년간 일식 요리사로 근무한 뒤, 자신감과 열정 하나로 내 식당을 열었다. '정성 들여 맛있게 만들기만 하면 손님은 줄을 서서 먹으러 올 것'이라고 굳게 믿었다. 그래서 처음 식당을 차렸을 때 온 마음을 다해 음식을 만들었다. 내가 만든 음식이 맛있다는 걸 알았다. 그리고 내 손맛은 손님들을 감동시킬 수 있으리라 믿었다. 하지만 현실은 잔인했다. 손님들은 음식에 정성을 얼마나 들였는지는 전혀 관심이 없었다. 아무리 좋은 재료를 쓰고 한 접시를 준비하는 데 시간을 쏟아부어도 손님들의 평가는 제각각이었다. 어떤 이들은 음식이 짜다고 했고, 어떤 이들은 싱겁다고 했다. 또 어떤 이는 음식 자체는 좋지만 가게 분위기가 별로라고 말했다. 내 마음을 알아 주는 손님은 단 한 명도 없었다. 식당을 운영하며 알게 된 사실은 명료했다. 손님은 맛에만 끌리지 않는다는 것이다.

맛있는 음식은 성공의 조건 중 하나일 뿐, 전부가 아니었다. 오히려 손님이 다시 찾아오는 이유는 단순한 맛의 문제를 넘어 다른 영역에 있었다. 그러다 두 번째 식당을 차리며 또 하나의 사실을 깨달았다. 나는 단골 손님을 자주 오는 손님으로만 한정해서 생각했다. 하지만 단골이란 1년에 한 번이라도 내 가게를 '잊지 않고' 다시 찾아오는 사람이라는 사실을 깨달았다. 자주 오는 손님은 쉽게 떠나지만, 오랜 시간 나를 기억하고 찾아 주는 단골은 나와 특별한 연결점을 만들어 가는 사람들이다. 이러한 단골을 유지하는 데에는 단순히 좋은 맛 이상의 무언가가 필요했다.

기획과 마케팅만으로 성공할 것이라 믿었던 착각

몇 년 후, 식당 운영의 방향을 바꾸며 '맛과 정성만으로 안 된다. 이제는 기획과 마케팅만이 살 길'이라고 생각했다. 그렇게 나는 마치 공식처럼 식당을 열고 닫았다. 좋은 자리가 나오면 무리해서라도 계약했고 이자카야, 떡볶이, 돈가스, 파스타 등 유행하는 메뉴를 선점하려 했다. 음식 맛은 기본 레시피만 지켜도 충분하다고 생각했고, 핵심은 시스템화라고 믿었다. 일 잘하는 직원을 뽑아 적절한 월급과 동기 부여를 제공하면 모든 것이 잘 굴러갈 줄 알았다. 그런데 결과는 예상과 전혀 달랐다. 하나같이 문을 닫거나 빠르게 정리해야만 했다. 이유를 알 수 없었다. '내가 직원 관리에 소홀했기 때문인가?' '운영에 문제가 있었나?' 등 다양한 의문을 품었고, 심지어 문제를 직원 탓으로 돌리기도 했다. 하지만 실패의 원인은 결국 나에게 있었다. 나는 식당을 '운영'한 것이 아니라 단순히 '굴리려' 했던 것이다.

잘되는 식당의 조건은 무엇인가? 그때 나는 우연히 중식 주점을 성공적으로 운영하는 친구를 만났다. 그는 블로그 마케팅 초창기에 대박을 터트린 인물이었다. 블로그 마케팅으로 매장이 전국으로 알려졌고, TV 프로그램에도 여러 번 출연했다. 심지어 그의 메뉴가 영화에 등장하면서 식당은 더 유명해졌고, 언제나 문 앞에는 손님들이 줄을 섰다. 그 식당은 달랐다. 맛에 정성을 다했지만, 거기서 끝나지 않았다. 메뉴와 가게의 정체성을 명확히 하고, 브랜딩 전문가의 도움을 받아 꾸준히 완성도를 높였다. 그렇게 가게는 하나의 브랜드가 되었고, 소비자들에게 일종의 경험을 제공했다.

나는 그 친구를 보며 만약 저 식당이 5년 이상 유지된다면, 내 방식을 바꾸겠다고 결심했다. 하지만 외부에서 보기에 성공적인 친구의 식당에도 큰 문제가 있었다. 대표는 직원들에게 싫은 소리를 못 하고 중요한 결정을 미루기 일쑤였다. 장사가 잘되던 시기에는 큰 문제가 아니었지만 코로나와 중국발 음식 논란이 터지면서 매출은 급락했다. 결국 그 식당은 몇 년을 버티지 못하고 폐업했다. 그때 나는 또 하나의 깨달음을 얻었다. 식당은 단순히 한두 가지 요소로 성공하지 않는다. 맛, 서비스, 기획, 마케팅의 적절한 균형이 필요하다는 것이다. 균형이 한쪽에 치우친 식당은 반드시 취약점을 드러낸다. 잘되는 식당도 그 균형이 깨지면 한순간 무너지기 마련이다.

결국 식당의 출발점은 정성이다

과거에는 맛있는 음식만 있으면 충분했다. 하지만 지금은 소비자의 기대가 달라졌다. 단순히 배를 채우는 것을 넘어 특별한 경험을 원한다. 음식의 맛은 기본이며 분위기와 서비스, 나아가 식당의 철학까지 종합적으로 고려한다. 그렇다면 다시 처음으로 돌아가서 식당을 시작하려 하는 사람들에게 묻고 싶다.

"왜 식당을 시작하려고 하는가?"

앞서 말했듯 단순히 '괜찮아 보이는 아이템'이 있어서가 아니라, 음식을 만들고 사람들을 대하는 것이 진심으로 행복하기 때문이어야 한다. 식당은 단순한 사업이 아니다. 식당은 사람에게 정성을 쏟는 공간이다. 좋은 기획 없이 정성만 있으면 오래 갈 수 없듯이 정성 없이 기획만으로는

도쿄의 모찌 전문점이다. 조리사는 중앙에서 하루 종일 부침을 하고 길쭉하고 긴 주걱으로 적은 서비를 한다.

오래 갈 수 없다. 식당은 철저히 오랜 시간 운영해야 살아남는 장사다. 결국 업주의 인건비 정도를 건질 수 있는 사업이지만, 그 안에서 자신만의 중심과 정성을 지킬 때만 손님들과 함께 오래 갈 수 있다. 식당은 기획이 아니라 정성에서부터 출발해야 한다.

컨설팅하며 만난 성공 가능성 100% 업주들의 특징

수없이 많은 식당 관련 종사자들을 만나면서 나만의 정확한 통계가 생겼다. 반드시 성공할 업주는 따로 있다는 것이다. 그들은 시작부터 남다르고 질문부터 예리하다. 질문이 예리하다는 것은 그만큼 준비가 잘 된 상태이며, 깊이 있는 고민으로 해결점을 찾았다는 뜻이다. 그들이 가진 특징을 요약하면 다음과 같다.

그들은 음식 조리를 가볍게 생각하지 않는다

나는 음식 장사에 정답이 있다고 생각하지 않는다. 그러나 '정도(正道)'는 분명 있다. 알아야 할 것을 제대로 알고, 하지 말아야 할 것을 하지 않는 것만으로도 반은 이룬 셈이다.

우리는 음식 장사의 대부들을 잘 안다. TV 프로그램에도 자주 소개되고 등장하는 그들을 보면 두드러지게 나타나는 공통점을 발견할 수 있다. 바로 그들이 식자재를 만질 때와 조리를 할 때의 진중하고 신중한 태도이다. 식당은 손님을 끌고 돈을 버는 행위로 이루어지지만 그 중심에는 음식 조리가 있다. 음식 조리는 단순히 기술만 필요한 게 아니다. 음식 조리에 심혈을 기울이고 정성을 다하는 마음이 필요하다. 기술만 중요하다면 요리 학원에 다닌 사람들 모두가 음식 장사를 할 수 있어야 하고, 좋은 레시피가 있으면 대박이 나야 한다.

내가 운영하는 초밥집에는 '재료와 타협하지 않는 민쿡'이라는 슬로건이 있다. 이 말은 오랜 시간 식당을 운영하며 뼈에 새긴 말이기도 하다. 나는 재료가 곧 음식 맛으로 이어진다는 것을 믿기 때문에 좋은 쌀과 잘지은 밥, 신선한 재료로 갓 내놓은 음식을 매우 중요하게 생각한다. 잘못보관되어 아깝게 버려야 하는 식자재를 볼 때면 살점이 떨어져 나가는 듯아쉬운 마음이 들지만, 결코 그것을 사용할 수 없다는 것이 내 결론이다. 식당에서 음식 조리는 곧 생명이다. 잘못된 음식 단 한 접시 때문에 식당의 호흡이 끊길 수도 있다는 점을 명심해야 한다.

성공한 식당의 업주들은 식자재를 다룰 때 사랑스러운 아이를 다루듯 소중히 한다. 조리를 하는 모든 과정에서 진지한 표정을 짓고, 다 된음식을 내놓고 손님이 먹는 것을 볼 때 세상에서 가장 행복한 표정을 짓는다. 나도 마찬가지다. 성공하고 싶다면 내가 그럴 수 있는 사람인지 우선 확인해 봐야 한다. 대박이 난 음식점 치고 음식 자부심이 없는 경우는없다. 대박을 향한 마음은 모두 같지만, 그것을 이루기 위한 태도는 모두다르다는 점을 반드시 기억해야 한다.

그들은 손님보다
일하는 사람이 먼저 안정된 환경을 만든다

물론 손님은 왕이다. 고객을 상대하는 어떤 업종에서도 손님이 왕이라는 사실은 부정할 수 없다. 그런데 나에게는 일하는 사람도 손님과 같다. '내부 고객'이라는 말이 따로 있는 이유다. 업주로서 나에게 우리 식당을 믿고 찾아오는 손님도 소중한 만큼, 그들에게 정성을 쏟을 수 있는 내부 고객인 직원도 중요하다. 진심으로 웃으며 서빙을 할 수 있는 홀 직원도, 주방에서 땀을 흘리면서도 좋은 음식을 내놓기 위해 애쓰는 주방 직원도 나에게는 모두 중요한 고객과 같다.

일전에 한 피자집 업주를 만났는데, 5년째 함께 일하던 매니저가 임신을 해서 일을 그만두게 되었다며 심각하게 걱정을 했다. 다른 경력자를 뽑으면 될 텐데 무얼 그리 걱정하느냐고 물으니 그런 직원을 또 어디서 구할지 막막하다는 것이다. 얘기를 들어보니 그 매니저가 일한 지 며칠 지나고서부터 식당이 반짝반짝 빛이 났다고 했다. 직원들 간에 갈등이 있다면 해결해 원만한 관계를 유지할 수 있도록 중간 관리자 역할을 톡톡히 했으며, 보이지 않는 곳에 있는 화분 이파리까지 닦아 홀을 관리하기 위해 노력했다고 한다. 업주가 미처 보지 못하는 부분까지 살뜰히 챙긴 것이다. 또 손님들 응대를 잘해 단골이 늘어나 매출도 부쩍 올랐다고 한다. 무엇보다 그 직원이 그렇게 잘할 수 있었던 건 식당을 관리하는 일 자체를 무척 사랑하기 때문이었다고 한다.

얘기를 들으니 나중에 내가 스카우트를 해 오고 싶을 만큼 좋은 직원이란 생각이 들었다. 그 직원이 그렇게 애쓴 이유에는 단골을 유지하고 늘리기 위한 의도도 있었겠지만, 무엇보다 함께 일하는 직원들이 불편하지 않도록 안정된 환경을 만들기 위한 의도가 더 컸을 것이다. 업주인 자신도 그에게 많은 걸 배웠다며 그런 직원을 만난 게 행운이라고 말했다.

모든 일은 사람이 하는 것이다. 일을 하는 사람의 마음이 불편하고 환경이 안정되지 않으면 불만이 쌓이고 그 불만은 결국 행동으로 드러나게 된다. 그 행동이 매출에 직결되는 것은 불 보듯 뻔한 일이다. 우리가 식당에 가면 어딘가 모르게 지쳐 보이는 직원, 기분이 썩 좋아 보이지 않는 직원을 보게 된다. 그러면 '저 종업원 왜 이렇게 태도가 안 좋아' 하는 데서 그치지 않고 '이 식당은 대우가 별로 안 좋은가' '사장이 너무 직원들을 굴려 먹나' 하는 생각을 하게 된다. 손님을 불안하게 하고, 음식에 집중하는 대신 다른 생각을 하게 만드는 식당은 단골을 만들기 어렵다. 업주는 손님을 끌기 위한 고민만큼 내부 고객인 직원과 함께 잘 소통하고 좋은 환경을 만들기 위한 고민도 해야 한다.

나의 경우 기본적인 규칙을 세우고 모두가 지키도록 유도한다. 적당히 철저하고 따르기 편한 규칙은 내부의 갈등을 대폭 줄이고 일터가 무난하게 흘러갈 수 있게 만든다. 업주는 오픈 마인드를 가지는 것과 동시에 늘 직원의 환경을 살피고, 때로 단호하고 냉철한 리더십으로 건강한 일터의 환경을 가꾸어 나가는 게 중요하다.

그들은 주방의 설계가 곧 매출의 설계라는 것을 믿는다

처음 책 출간 제안을 받았을 때 나는 '잘되는 식당의 비밀'이라는 주제로 쓰려고 했다. 하지만 글을 쓰면서 조금 더 주제를 좁혀야겠다고 생각했다. 그건 바로 '주방'이었다. 내가 주방 컨설팅에 특화되었기 때문이기도 했지만, 주방은 식당의 성패를 좌우하는 중요한 요소라는 걸 강조하고 싶었기 때문이다.

주방 설계는 잘 안 되는 식당을 잘되게 해 주기도 하지만, 이미 잘 되지만 한계를 넘지 못하는 식당이 한계를 뛰어넘게 만들기도 한다. 앞에서 소개한 이천의 큰 한정식집처럼 말이다. 성공에는 한계가 없듯이 음식으로 성공할 수 있는 한계도 정해져 있지 않다. 10명이던 손님이 100명이되고 1,000명이 되면 식당의 시스템이 바뀌어야 하는 게 기본이다. 그러나 사람들은 그것을 잘 인지하지 못한다. 그저 손님 줄만 잘 세우면 대박이 난 줄 알지만, 그럴수록 점점 주방 담당 직원들은 지쳐 음식 퀄리티는 떨어진다. 손님 줄이 길어지는 것도 순식간이지만, 그 줄이 사라지는 것도 순식간인 것이 식당 업계다.

내가 컨설팅을 해 대박이 난 식당들은 내가 가장 먼저 강조하는 '주방 설계가 중요하다'는 말을 적극 수용한 경우였다. 주방은 온갖 사고가 난무하며 음식의 시작과 끝을 담당하는 공간이다. 그런 주방의 설계를 가볍게 보았다가 생각지 못한 사건과 사고 들로 순식간에 식당 문을 닫을 수 있다. 그러니 처음부터 식당 설계에 공을 들인다면 결과는 반대로 흘러갈 수 있을 것이다. 마치 물 흐르듯 영업이 흘러가고, 설사 어떤 문제가 생긴다 해도 훨씬 쉽게 그 문제를 해결할 수 있게 된다.

나는 이 책이 그 열쇠가 되어 주기를 바란다. 주방에 관해 A부터 Z까지 모든 내용을 담았으므로 이 내용을 충분히 활용해서 식당업을 하기로 한 본인의 선택을 믿게 되기를 바란다. 잘 설계된 주방은 높은 매출을 선물해 줄 것이다.

그들은 컨설턴트의 조언에 귀를 기울이고 변화를 시도한다

컨설팅 요청은 영업 시작 시에 오는 경우가 있지만, 이미 영업을 하다 잘 안 되어서 찾는 경우가 더 많다. 그러다 보니 막상 의뢰를 받고 찾아가 보면 이미 돌아올 수 없는 강을 건넌 경우도 허다하다. 그러나 내가 하는 일은 어떤 문제가 있어도 문제의 실마리를 찾고 해결해 주는 일이다. 그 결과가 100% 성공으로 올지 일부분의 문제점만 개선할 수 있을지는 알 수 없지만, 나는 최선을 다해 예리하면서도 민첩하게 그 문제들을 해결하기 위해 노력한다.

믿어지지 않겠지만, 거의 망해 가던 식당이 컨설팅을 받고 되살아나 대박을 거둔 케이스도 종종 있다. 그들의 공통점은 '앞으로 컨설턴트의 말을 절대 신뢰하겠다'라는 태도와 '어떤 번거로움이 있더라도 무조건 변화를 시도한다'는 과감한 마음가짐에 있다. 많은 돈과 시간, 그리고 열정을 투자했기에 쉽사리 포기할 수 없다는 것도 한몫하겠지만, 음식 장사로 성공하고 싶다는 간절한 욕망이 그들을 강하게 붙들고 있음을 알 수 있다. 나는 다른 음식 업주들과는 달리 경험해 보지 않은 수많은 종류의 음식업에 스스로 도전했고, 부딪혀 깨지면서 뚫고 나왔다. 당장 문을 닫고 다시는 음식 장사를 하지 않아야 할 듯한 순간에도 나는 '왜 틀렸지?' '어디서부터 잘못됐지?' '어떻게 하면 개선할 수 있지?'를 고집스럽게 찾아내고 반영해 반드시 식당이 개선되는 모습을 보기 위해 노력했다. 그 경험들을 바탕으로 컨설팅을 하다 보니 성공률이 높을 수밖에 없고, 적어도 한 번쯤은 내가 경험해 본 일들이기에 더 현실감 있는 조언을 해 줄 수 있었다.

과감한 변화는 언제나 아픔이 따랐지만 놀라운 결과를 가져오는 것은 분명했다. 식당 구조를 완전히 바꿔야 한다거나 메뉴를 완전히 포기해야 한다는 등의 조언을 따르기가 힘들다는 것은 잘 안다. 하지만 장사가 안 되는 데는 반드시 이유가 있고, 그 방식대로 해서 절대 개선할 수 없는 것도 뼈 아픈 사실이다. 지금껏 하지 않았던 방법을 시도할 때만이 전혀 다른 결과를 가져올 수 있다.

다만 나는 지금 이 순간에도, 성공을 향한 열기로 꿈틀거리는 모든 업주를 응원한다. '대박'이라는 단어만 들어도 심장이 뛰지만 매일 밤 무거운 다리를 이끌고 집으로 돌아오며 '왜 우리 가게는 안 될까'라고 고민하는 것이 현실이라면, 이제 변화를 시도해야 할 때다. 두려움을 떨치고 과감하게 변화에 도전하기를 바란다. 초심을 잃지 않고 이 길을 걷는 모든 식당 업주들을 가슴 깊이 응원한다.

잘되는 식당, 행복한 식당

처음 식당을 시작할 때 나는 무척이나 무모했다. 첫 식당이 망하고 두 번째로 시작한 8평 식당은 부모님과 함께 운영했는데, 그때 나는 너무 불행하다고 느껴질 정도로 힘들었다. 하루 노동 시간은 기본 14시간에, 하루도 쉬지 않고 6개월을 일한 적도 있었다. 결국 몸에 디스크 문제가 터졌고, 쉬면서 식당을 처음 시작한 이유를 오랫동안 고민했다. 내 식당의 방향을 어떻게 잡아야 할지 고민하고 또 고민했다. 그때 나는 잘되는 식당을 만들기 위해 갖은 애를 썼지만 식당이란 억지로 애쓴다고 모두 잘되는 것이 아니라는 사실을 뒤늦게 깨달았다.

때때로 식당으로 큰돈을 벌 생각이라면 '그만두라'라고 말한다. 우리가 선망하는 성공한 식당의 업주들은 잘되는 식당을 만들기 위해 누구보다 노력했을 것이다. 그러니 그들처럼 나도 그렇게 될 수 있을 것이라는 섣부른 착각은 안 하는 것이 낫다. 그 사람들처럼 될 수 있겠다는 희망을 품고 식당 업계에 온다면 크게 상처받고 많은 고통을 받을 것이다.

그럼 어떻게 해야 잘되는 식당을 만들 수 있냐고 묻는다면 나는 세 가지를 말해 주고 싶다.

① 첫 번째 식당은 망하는 식당이라고 생각하고 시작하라

첫 번째 식당은 큰 규모로 할 수 없다. 만약 첫 번째 식당으로 성공한다면, 두 번째 식당을 할 때 더 크게 망한다. 이 때문에 처음 하는 식당은 작게 시작하고 망할 각오를 해야 한다. 어차피 망할 거면 하고 싶은 걸 다 해 보는 것이다. 주방 설계도 이렇게 저렇게 해 보고 어떻게 해야 빨리 음식을 만들 수 있는지 고민도 해 보는 것이다. 첫 번째 식당은 나와 손님과 직원을 테스트하는 용도이다. 그리고 그 데이터를 내 뼛속 깊숙이 묻어 둔다. 뼛속 깊숙이 묻어 둔 그 데이터는 결국 내가 잘되는 식당을 만들 때 유용한 거름으로 사용될 것이다.

② 돈보다 상품력에만 몰두하라

식당을 처음 시작하면 어디서 잔뜩 주워들은 이야기로 식당을 하려고 한다. 식자재 비율은 이 정도 해야 한다더라, 직원은 잘해 주면 안 된다더라, 손님을 모으려면 온라인 마케팅을 꼭 해야 한다더라 등 온갖 증명되지 않은 정보들만 주워듣고 그들의 이야기에 귀를 기울인다. 그들의 이야기에 귀를 기울이는 이유는 돈을 더 벌고 싶은 마음에 나를 합리화시키기 좋기 때문이다. 나는 20년 넘게 식당을 하면서 무조건 상품만 바라보고 장사를 해 왔다. 상품만 생각하다 보니 '어떻게 하면 빨리 음식을 제공할 수 있을까?' '어떻게 하면 편하게 일할 수 있을까?'만 생각했다. 상품력을 키우면 결국 손님의 구매력을 높이고, 돈을 벌 수 있다.

동경의 도시락 테이크아웃 전문점. 도시락이나 테이크아웃 전문점이 국내에는 아직 크게 발달하지 않았지만,
지인 집에 가공리된 음식을 손님이 직접 선박해서 계산하는 이 모델은 급속도로 확산될 것으로 보인다.

③ 직원이 돈을 버는 식당을 만들어라

식당은 자동으로 만들 수 없다. 여기서 말한 자동이란 업주가 전혀 간섭하지 않는 완전 '오토 매장'을 말한다. 물론 3년, 길어야 5년 정도는 업주 없이 식당이 유지되기도 한다. 하지만 최소 10년 넘겨 운영하려면 무조건 업주가 관리해 줘야 한다. 나는 업주 없이 잘되는 식당을 만들려고 오랫동안 노력했다. 하지만 능력 부족 탓인지 그것은 실패했다. 내가 운영한 식당은 업주가 관리하지만 직접 일하지 않는 식당이다. 업주가 직원에게 주제를 던져 주고 직원은 그 주제에 맞게 실행하면 그게 오토 식당 아니겠는가? 하지만 그렇게 되려면 직원이 일하기 좋은 식당이어야 한다. 일하기 좋은 식당은 조금만 일해도 효율이 나야 하고, 많이 일해도 힘들지 않은 식당이어야 한다. 그래서 어제보다 나은 주방을 만들기 위해 계속해서 개선해 갔다. 업주는 관리하고 직원이 돈 벌어 주는 식당, 직원이 저절로 열심히 하는 식당, 그것이 진정한 오토 식당이다.

식당에 성공이란 없다. 우리가 생각하는 그 성공은 성장을 가장한 작은 행복이다. 오랜 시간이 지나고 보면 손님이 줄 서 먹던 그 시절도, 잘 안 되던 그 시절도 모두 나에게는 성공을 향한 성장 과정에 가깝다. 그래서 내가 지금처럼 음식 만드는 일을 하는 한 나는 늘 행복한 성장을 해 나갈 것이라고 믿는다.

식당 운영의 신

초판 1쇄 발행 2025년 1월 15일

지은이   민강현
펴낸이   박영미
펴낸곳   포르체

책임편집   이경미
마케팅   정은주 민재영
디자인   황규성

출판신고   2020년 7월 20일 제2020-000103호
전화   02-6083-0128
팩스   02-6008-0126
이메일   porchetogo@gmail.com
인스타그램   porche_book

여러분의 소중한 원고를 보내주세요.
porchetogo@gmail.com